Bodo Müller
Faszination Freiheit

07.01. 2012
Sa.

Bodo Müller

Faszination Freiheit

Die spektakulärsten Fluchtgeschichten

Ch. Links Verlag, Berlin

Die **Deutsche Nationalbibliothek** verzeichnet
diese Publikation in der Deutschen Nationalbibliografie;
detaillierte bibliografische Daten sind im Internet
über http://dnb.d-nb.de abrufbar.

5. Auflage, März 2008
© Christoph Links Verlag – LinksDruck GmbH, 2000
Schönhauser Allee 36, 10435 Berlin, Tel.: (030) 44 02 32-0
www.linksverlag.de; mail@linksverlag.de
Coverentwurf: Dirk Lebahn, Berlin,
unter Verwendung von Fotos von Jürgen Ritter
und aus dem Privatarchiv Bethke
Umschlaggestaltung: KahaneDesign, Berlin
Satz: LVD GmbH, Berlin
Druck und Bindung: AZ Druck und Datentechnik, Kempten

ISBN 978-3-86153-216-3

Inhaltsverzeichnis

Vorwort

»Wenn uns der König nicht ziehen läßt«, sprach Dädalus zu seinem Sohn Ikarus, »bauen wir uns Flügel wie die Vögel und fliegen in die Freiheit.« Die bekannteste Flucht der Antike endete tragisch: Ikarus stürzte vor den Augen seines Vaters ins Meer und starb. Ähnlich wie den kretischen König Minos in der Sagenwelt gab es in historischer Zeit immer wieder Herrschende, die versuchten, das Recht ihres Volkes auf Freiheit einzuschränken.

Immer wieder riskierten Eingesperrte ihr Leben, um künstlich geschaffene Grenzen zu überwinden.

Im 20. Jahrhundert setzte sich das Recht auf Freiheit als international anerkanntes Grundrecht durch. Es fand Aufnahme in die Allgemeine Erklärung der Menschenrechte, die von der Generalversammlung der Vereinten Nationen am 10. Dezember 1948 verkündet wurde. In der DDR gab es dieses Grundrecht auf Freiheit jedoch nie. Solange die Grenzen noch offen waren, flohen die Menschen millionenfach vor der stalinistischen Diktatur. Das SED-Regime wußte sich gegen den Massenexodus nicht anders zu helfen, als seine Staatsbürger buchstäblich einzumauern. Am 13. August 1961 begann es in Berlin mit dem Bau einer 155 Kilometer langen Mauer um den Westteil der Stadt, zog an die 1300 Kilometer Stacheldrahtverhau von der Ostsee bis zum Vogtland und versperrte auf 278 Kilometern Länge den freien Zugang zum Meer. In den Folgejahren wurden zudem noch die Grenzen der »sozialistischen Bruderländer« vor flüchtigen DDR-Bürgern gesichert. Der kleine Staat DDR mit seiner stets kränkelnden Wirtschaft leistete sich das personell aufwendigste und finanziell teuerste Grenzregime im Europa des 20. Jahrhunderts. Doch weder Mauer und Stacheldraht noch Minenfelder und Selbstschußanlagen konnten den Freiheitswillen der Ostdeutschen brechen.

Seit dem Mauerbau 1961 bis Jahresende 1988 überwanden mindestens 40 101 DDR-Bürger die Sperranlagen. Im Wendejahr 1989 waren bis einschließlich Juli noch 795 Sperrbrecher erfolgreich. Ab August setzte dann ein Flüchtlingsstrom ein, der nicht mehr zu bremsen war. Zu Tausenden flohen die DDR-Bürger über Ungarn und die ČSSR in den Westen. Andere besetzten die bundesdeutschen Botschaften in Ostberlin, Prag, Budapest und Warschau und ertrotzten die freie Ausreise.

Am 9. November 1989 erreichte der Druck auf die innerdeutsche Grenze seinen Höhepunkt. Nachdem sich in jener Nacht die Tore geöffnet hatten und Hunderttausende in die Freiheit strömten, war die technisch aufwendigste und teuerste Grenze reif für die Müllhalde der Geschichte.

Zählt man über 28 Jahre alle DDR-Bürger zusammen, die erfolgreich die Sperranlagen überwanden, und addiert jene, die mit genehmigter Ausreise gehen durften, über Drittländer flohen, aus Gefängnissen freigekauft wurden oder von einer Westreise nicht zurückkehrten, so kommt man auf eine Zahl von mindestens 960 605 Menschen, die dem SED-Staat den Rücken kehrten. Es war der größte Flüchtlingsstrom im Europa des Kalten Krieges. In keiner Statistik aufgelistet ist die Zahl jener, deren Flucht scheiterte und die von Jahr zu Jahr immer mehr die Haftanstalten füllten. Man griff sie nicht nur auf dem Todesstreifen oder im davor liegenden Grenzgebiet auf. Viele Fluchtwillige wurden bereits in ihren Heimatorten bei der Vorbereitung verraten und dem gefürchteten Staatssicherheitsdienst ausgeliefert. Mindestens 938 Menschen starben infolge des ostdeutschen Grenzregimes. Die Opfer wurden zum überwiegenden Teil an der Grenze erschossen oder ertranken in der Ostsee. Es ist aber auch der Tod von 27 Angehörigen des DDR-Grenzdienstes sowie von 21 fahnenflüchtigen Sowjetsoldaten zu beklagen.

Dieses Buch handelt von den Menschen, die bereit waren, für ihr Grundrecht auf Freiheit ihr Leben zu riskieren. Mit Kreativität, Erfindungsgeist und manchmal dem Mut der Verzweiflung suchten sie nach Wegen, um diese Grenze zu überwinden. Sie gruben Tunnel, panzerten Fahrzeuge, konstruierten U-Boote oder schwammen um ihr Leben. Und manche bauten sich – wie Ikarus und Dädalus – große Flügel, um über den Todesstreifen hinweg in die Freiheit zu schweben.

Die Geschichten in diesem Buch basieren auf den Angaben der Flüchtlinge beziehungsweise ihrer Angehörigen sowie zahlreichen Dokumenten. Anhand der ausgewählten Schicksale wird exemplarisch ein Stück deutsch-deutsche Geschichte erzählt.

Bodo Müller
Lübeck-Travemünde, im August 2000

Endstation Freiheit

Lokführer Harry Deterling wohnt mit seiner Frau Ingrid und den Kindern Manfred, Hans-Joachim, Dirk und Ronald in Oranienburg bei Berlin. Im Jahr 1961 erhält er ein monatliches Einkommen von 481 Mark. Damit läßt es sich in der DDR einigermaßen leben. Die Frau ist zu Hause und kümmert sich um die Kinder.

Am 13. August 1961 hören sie in den Nachrichten vom Mauerbau. Schon am Abend desselben Tages sagt er seiner Frau: »Ich will nicht eingesperrt sein. Und unsere Kinder sollen sich frei entwickeln können. Laß uns fliehen.«

Wie aber kann er mit Frau und vier Kindern im Alter zwischen einem und sieben Jahren in den Westen fliehen? Er sieht für sich und seine Familie zunächst keine Möglichkeit, die Sperranlagen zu überwinden.

Wenige Tage später sollen alle Arbeiter und Angestellten im Bahnbetriebswerk Pankow-Heinersdorf per Unterschrift ihre »Zustimmung zu den Maßnahmen des 13. August« erklären. Von den rund 1000 Mitarbeitern unterschreiben die meisten. Lokführer Deterling ist fassungslos, wie seine Kollegen den Buckel krümmen und auch noch beurkunden, daß sie es begrüßen, nun hinter Stacheldraht leben zu müssen.

Nur knapp 200 Mitarbeiter weigern sich, darunter auch Deterling. Im Oktober 1961 unterwerfen sich dann die wenigen noch standhaften Kollegen. Harry Deterling ist der letzte, der nicht unterschreibt.

Der Lokführer wird zum Parteisekretär zitiert. Dieser verlangt die sofortige Unterschrift und droht mit Konsequenzen. Doch Deterling bleibt standhaft:

»Ich habe einen Bruder in Düsseldorf. Wenn du mir garantierst, daß ich ihn einmal im Jahr besuchen darf, dann unterschreibe ich.« Deterling verläßt das Büro im aufrechten Gang.

Zur selben Zeit wird sein Heizer Hartmut Lichy bedrängt, sich für den Dienst an der Waffe bei der Nationalen Volksarmee (NVA) zu verpflichten. Er bittet seinen Chef um Rat. Deterling sagt: »In der Verfassung steht, daß niemand zum Dienst an der Waffe gezwungen werden darf.«

Beim nächsten Musterungsgespräch zitiert der Heizer seinen Lokführer. Der NVA-Offizier will wissen:

»Wer hat Ihnen das gesagt?«

»Mein Lokführer, der weiß alles.«

Anfang November 1961 erscheinen Mitarbeiter des Staatssicherheitsdienstes im Bahnbetriebswerk Pankow-Heinersdorf:

»Herr Deterling, wie kommen Sie dazu, den Heizer Lichy von der Pflicht zur Verteidigung der Deutschen Demokratischen Republik abzuhalten?«

Lokführer Deterling erinnert daran, daß er als Schulkind den Wahnsinn des Zweiten Weltkrieges erleben mußte. Er unterstreicht seine pazifistische Haltung. Die Stasi-Männer verabschieden sich von ihm mit den Worten:

»Sie hören von uns.«

Mitte November muß sich Harry Deterling beim Parteisekretär seines Betriebes melden. Der sagt:

»Harry, ich muß dir leider mitteilen, daß du ab Januar 1962 nicht mehr auf der Lok fahren darfst. Auch mußt du unseren Betrieb verlassen, leider. Zwecks Umerziehung wirst du zum Ziegelwerk Zehdenick versetzt. Dein Verdienst beträgt dann eine Mark pro Tag.«

»Und wie soll ich damit eine Familie mit vier Kindern satt machen?« fragt Deterling fassungslos.

»Das«, so der Parteisekretär, »hättest du dir früher überlegen müssen.«

Für Lokführer Deterling ist das Maß voll bis zum Überlaufen. Er muß, will er nicht die letzte Chance verpassen, schnellstmöglich handeln. Am 28. November fährt er gemäß Dienstplan mit seiner Dampflok im S-Bahn-Ersatzverkehr von Oranienburg nach Potsdam und zurück.

Am 13. August wurden die ehemals durch Westberlin führenden S-Bahn-Strecken gekappt. Fahrgäste, die nun zum Beispiel von Berlin-Mitte nach Potsdam wollen, müssen im weiten Bogen um die Westsektoren herumgefahren werden. Dort haben die Gleise aber keine Stromschienen. Darum werden im S-Bahn-Ersatzverkehr normale Personenzüge mit vorgespannten Dampfloks eingesetzt.

An jenem 28. November hat Lokfüher Deterling auf der Rückreise gegen 17 Uhr in Nauen einen Aufenthalt von 20 Minuten. Dort wird die S-Bahn-Strecke vom Interzonenzug Hamburg–Berlin gekreuzt. Während des Aufenthaltes erfährt Deterling von der Zugführerin einer anderen S-Bahn:

»Demnächst machen sie auch noch die Strecke Hamburg–Berlin zu.«

»Aber der Interzonenverkehr muß doch weiterrollen?«

»Ich meine ja nur die Strecke von Nauen über Falkensee und den Grenzbahnhof Albrechtshof nach Spandau.«

»Und wo soll der Hamburger dann entlangfahren?«

»Der ganze Interzonenverkehr Hamburg–Berlin soll künftig über den Bahnkorridor Griebnitzsee/Wannsee bei Potsdam rollen.«

Lokführer Deterling wird hellhörig und geht ins Stellwerk.

»Stimmt es, daß die Strecke von Nauen über Falkensee und Albrechtshof nach Spandau gekappt werden soll?« fragt er einen Eisenbahner.

»Die Grenze is anjeblich nich dicht jenuch. Da jibt det keene Gleissperren. Für vier Interzonenzüge am Tag lohnt sich dat wohl nich, den Scheiß einzubaun. Am 10. Dezember is Sense. Dann reißen se de Schienen raus.«

Deterling will schon gehen, da sagt der Mann im Stellwerk leise:

»Wenn ick Lokführer wäre, wüßte ick, was ick mache ...«

Wieder auf der Lok, sagt Harry Deterling zu seinem Heizer Hartmut Lichy:

»Ich haue ab. Mit Familie. Mit dem Zug. Zur Endstation Freiheit.«

»Wenn du deine vier Gören mitnimmst, dann ist dat wohl sicher. Ick komm' mit.«

Am Abend feiert Familie Deterling den siebten Geburtstag des Sohnes Manfred. Anwesend sind Harrys Mutter sowie die Schwester, der Bruder und die Schwägerin seiner Frau. Zu fortgeschrittener Stunde wird heftig politisiert. Die Anwesenden lassen ihrer Wut über den Mauerbau freien Lauf.

Plötzlich offenbart Harry: »Wir hauen ab.« Richtig glauben will es ihm aber zu diesem Zeitpunkt noch niemand.

Am nächsten Tag meldet sich Harry Deterling wieder bei seinem Parteisekretär:

»Ich will nicht ins Arbeitslager. Ich habe Familie. Dafür will ich zurückstecken.«

»Harry, ich freue mich, daß auch du dich zur Deutschen Demokratischen Republik und zum Aufbau des Sozia-

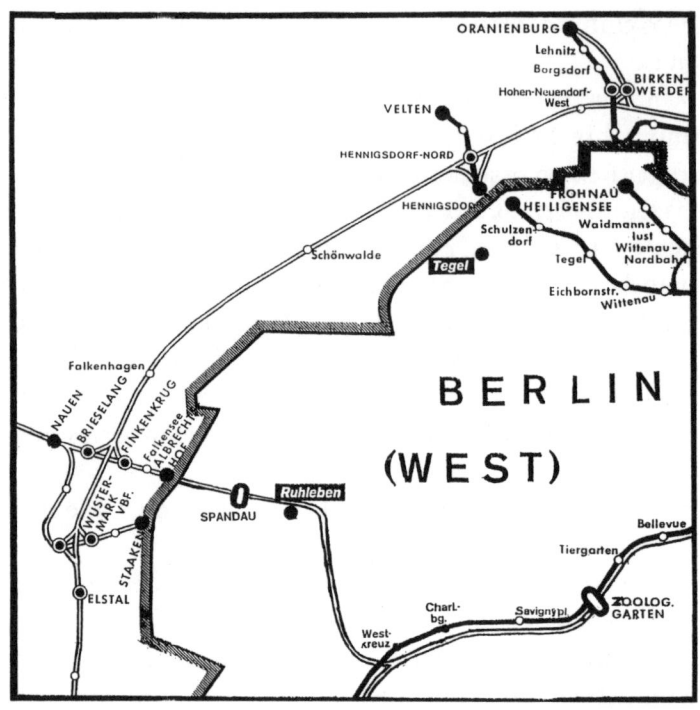

Harry Deterling plante die Flucht mit dem Zug über die Strecke von Albrechtshof nach Spandau.

lismus bekennst. Ich wußte immer, daß du einer von uns bist. Was kann ich für dich tun?«

»Als Beweis für meine Aufrichtigkeit möchte ich eine freiwillige Sonderschicht im S-Bahn-Ersatzverkehr fahren. Den Erlös werde ich dem Nationalen Aufbauwerk spenden.«

Der Parteisekretär klopft ihm auf die Schulter. Der letzte Widerspenstige im Betrieb scheint gezähmt.

Zur Auffrischung seiner Streckenkenntnisse fährt Harry Deterling an den folgenden Tagen in seiner Freizeit auf anderen Loks im S-Bahn-Ersatzverkehr mit. Die Strecke von

Oranienburg über Nauen nach Potsdam, also den Westring um Berlin herum, kennt er schon. Doch er braucht mehr Erkenntnisse über den Abschnitt von Nauen über Finkenkrug und Falkensee nach Albrechtshof. In Albrechtshof endet der S-Bahn-Ersatzverkehr. Die Lok wird umgespannt und zieht den Zug zurück. Denn nur einen Kilometer östlich vom Bahnhof Albrechtshof führt das Gleis über die Grenze nach Westberlin. Noch.

An dieser Stelle soll am 10. Dezember 1961 die Verbindung unterbrochen werden. Zur Zeit sichert nur ein großes zweiflügliges Eisentor mit Stacheldraht die Durchfahrt. Viermal am Tag, wenn der Interzonenzug kommt, wird das Tor für Minuten geöffnet.

Während Harry Deterling als Gast auf einer anderen Lok seine Streckenkenntnisse zwischen Falkensee und Albrechtshof auffrischt, achtet er genau auf alle Weichen. Weder vor noch hinter dem Bahnhof Albrechtshof, also in Richtung Grenze, gibt es eine Notweiche. Diese Erkenntnis stimmt mit den Angaben des Mannes aus dem Stellwerk überein. Theoretisch ist also die Strecke nach Westberlin frei – bis auf das eiserne Tor über dem Gleiskörper.

Das Umspannen der Lok auf dem Grenzbahnhof Albrechtshof erfolgt unter strenger Kontrolle von Bahnhofsaufsicht, Transportpolizei und Grenztruppen. Vor dem Umspannen werden die Grenzer informiert. Dann steigt der Aufsichtsbeamte mit auf die Lok und bewacht das Rangieren.

Nachdem er alles genau beobachtet hat, fragt sich Harry Deterling: Was kann die Polizei eigentlich ausrichten, wenn ein Lokführer alle Haltesignale ignoriert und samt Zug in voller Fahrt durch den Bahnhof prescht? Die verbleibende Strecke von einem Kilometer bis zur Grenze ist in einer Minute durchfahren. Wer will in dieser Zeit eine 1000 PS starke Dampflok aufhalten?

Nach dem Auffrischen seiner Streckenkenntnisse studiert Harry Deterling die Fahrpläne der letzten vier verbliebenen Züge auf der Strecke Hamburg–Berlin. Wenn er die Grenze durchbricht, will er den Interzonenzugverkehr nicht gefährden.

Da die Strecke nach Westberlin über den Grenzübergang Albrechtshof schon am 10. Dezember geschlossen werden soll, muß Deterling schnell handeln. Am Freitag, dem 1. Dezember 1961, meldet er sich abermals beim Parteisekretär:

»Ich würde gern, wenn das möglich ist, an meinen freien Tagen am 5. und 6. Dezember, also nächsten Dienstag und Mittwoch, zwei Doppeltouren für das Nationale Aufbauwerk fahren.«

»Kollege Deterling, ich bin stolz auf dich. Sicher werden wir später noch mal über deine Unterschrift reden müssen. Aber jetzt spreche ich erst mal mit dem Einsatzleiter über deinen NAW-Einsatz. Du weißt, daß wir händeringend Lokführer suchen.«

Am Sonntag, dem 3. Dezember, fährt Harry Deterling mit dem Fahrrad zu Freunden und Verwandten in und um Oranienburg. Er gibt ihnen zu verstehen, daß es bald einen Zug geben wird, der in die Freiheit fährt.

Am Mittwoch, dem 5. Dezember, wird Lokführer Deterling, der eigentlich frei hat, bei seinem Einsatzleiter vorstellig. Er bekommt den Fahrbefehl, am Abend um 19.33 Uhr einen Zug im S-Bahn-Ersatzverkehr, mit vorgespannter Dampflok, von Oranienburg nach Albrechtshof und zurück zu fahren.

Genau den Zug wollte Harry Deterling haben. Denn der letzte Schnellzug von Westberlin nach Hamburg fährt um 16.00 Uhr ab Spandau, und auch der letzte Zug aus der Hansestadt ist dann schon lange durch. Deterling ist sich sicher, daß ihm um diese Uhrzeit kein Personenzug mehr in die Quere kommen kann.

Er fährt wieder mit dem Fahrrad durch Oranienburg und offenbart seinen Vertrauten: »Heute um 19.33 Uhr fährt der letzte Zug in die Freiheit.«

Mit seiner Frau und den Verwandten stimmt er ab, daß alle Familien, die Kinder dabei haben, in unterschiedliche Wagen einsteigen sollen. Das soll verhindern, daß sich die Kinder, die sich gegenseitig kennen, an diesem Abend sehen. Kinder kommen manchmal auf unmögliche Gedanken und plaudern sie aus. Die anderen Mitreisenden sowie die Transportpolizisten, die die Züge in Richtung Grenze begleiten, dürfen keinen Verdacht schöpfen.

Am späten Nachmittag packt Frau Deterling das Nötigste in eine Reisetasche. Bloß nicht auffallen. Die vier Kinder sind schlecht gelaunt, weil sie alle ihre Sachen übereinander anziehen sollen. Harry Deterling trägt seinen dunklen Hochzeitsanzug und darüber die Lokführer-Montur.

Der 28jährige Lokführer übernimmt am Abend auf dem Bahnhof Oranienburg seinen Zug. Der besteht aus acht Waggons und einer ihm vertrauten Dampflok der 78er Baureihe mit der Nummer 78 079. Diese leistungsstarken Loks wurden in den Jahren 1912–1923 in großer Serie gebaut und versehen auch jetzt noch zuverlässig ihren Dienst bei der Deutschen Reichsbahn.

Eine 78er Dampflok ist 14,80 Meter lang, wiegt 106 Tonnen und entwickelt eine Leistung von 1140 PS. Lokführer Deterling begrüßt den ihm zugeteilten Heizer. Diesen Mann kennt er nur flüchtig und kann ihn nicht einschätzen. Kurzentschlossen sagt er deshalb:

»Der Dienstplan wurde geändert. Du hast heute frei. Mach dir einen schönen Abend mit deiner Familie.« Der Heizer läßt die Kohlenschaufel auf der Stelle fallen und steigt von der Lok.

Minuten später klettert der 18jährige Hartmut Lichy auf die Maschine. Er ist mit Harry Deterling eng befreundet und weiß, was heute nacht passieren soll. Sie koppeln den Zug an und machen eine Bremsprobe.

Jetzt gibt es noch einen Mann, der ein ernstes Risiko darstellt: der Zugführer. Harry Deterling vermutet, daß der ein treuer Parteigenosse ist. Der Zugführer könnte vor der Grenze die Notbremse ziehen. Dann wäre alles zu spät. Den Zugführer kann er aber schlecht nach Hause schicken. Und dann sind da noch die Transportpolizisten, die gewöhnlich auf dem letzten Abschnitt in Richtung Grenze mitfahren. Deterling muß verhindern, daß der Zug durch eine Notbremsung angehalten werden kann.

Er geht am Zug entlang und setzt bei vier Waggons die Bremsen außer Betrieb. Bei den anderen vier Waggons will er die Bremsen nicht abschalten, weil er den Zug sonst auf den Zwischenstationen nicht anhalten könnte. Er reduziert aber den Druck der Bremsanlage von fünf auf vier atü. Er kalkuliert, daß bei jedem Bremsen auf den planmäßigen Haltepunkten der Druck immer weiter absinkt. Vor der Grenze, also zwischen Falkensee und Albrechtshof, sollte dann überhaupt kein Bremsdruck mehr vorhanden sein. Dieser Zug könnte dann nicht mehr per Notbremse gestoppt werden.

Aus seinem Fahrstand beobachtet der Lokführer das zeitversetzte Einsteigen der Fahrgäste. Er muß aufpassen, um nicht von einem seiner Kinder entdeckt zu werden. Seine Familie sitzt im Zug. Auch seinen Schwager Karl

Buch hat er in einen der vorderen Wagen einsteigen sehen. Der Schwager soll zwischen Falkensee und Albrechtshof, also noch vor dem Grenzbahnhof, die Notbremse ziehen. Zeigt die Bremse dann keine Wirkung mehr, kann auch niemand anderer den Zug anhalten.

Ehefrau Ingrid, Schwager Karl sowie weitere im Zug sitzende Familienmitglieder wissen: Passiert nach dem Ziehen der Notbremse nichts, wird der Zug ohne Halt den letzten Bahnhof durchfahren und mit voller Fahrt in die Grenzsperren rasen. Alle sollen sich hinlegen und festhalten.

Punkt 19.33 Uhr rollt der Zug aus dem Bahnhof Oranienburg. Es ist ein kalter Dezembertag. Heizer Hartmut Lichy schaufelt Kohlen in den Feuerraum, während Oranienburg im Dunkeln zurückbleibt.

»Und wenn die schießen?« fragt der Heizer besorgt.

»Die Lok halten sie damit nicht an.«

»Und wir?«

»Wir springen in den Tender. Du mußt soviel Platz schaffen, daß wir reinpassen. Wir schließen die Schutzklappen von innen. Da kommt keine Kugel durch.«

Von den informierten Flüchtlingen fehlen in Oranienburg nur der Musiker Heinz Schaumann, seine Frau und beide Töchter. Nachdem Frau Schaumann die Abfahrtszeit des Zuges in die Freiheit erfahren hatte, nahm sie sofort ein Taxi und fuhr mit den zwei Mädchen zur Staatsoper Unter den Linden und holte ihren Mann aus dem Orchester. Das Taxi raste dem Zug hinterher. Für Oranienburg war es schon zu spät. Sie fuhren zum S-Bahnhof Birkenwerder, hasteten auf den Bahnsteig. Doch in dem Moment fuhr der Zug schon los.

Zurück ins Taxi und Vollgas. Sie rasen parallel zum Zug nach Falkensee, dem letzten Halt vor dem Grenzbahnhof.

Nach knapp einer Stunde, es ist 20.30 Uhr, stürzen sie zum Bahnsteig. Der Musiker mit der Oboe in der Hand fragt den Lokführer:

»Ist das der richtige Zug?«

»Wenn Sie meinen, daß es der richtige ist, dann steigen Sie ein.«

Musiker Schaumann, seine Frau und die zwei Töchter klettern in den ersten Wagen. Der Lokführer und sein Heizer beobachten den Bahnsteig. Warum stehen vor dem Bahnhofsgebäude so viele Polizisten? Und was machen hier Russen in Uniform?

Harry Deterling hat ein mulmiges Gefühl und erwägt schon, wieder Luft in die Bremsen zu lassen. Doch da gibt der Zugführer das Abfahrtsignal und steigt in den fünften Wagen. Mit ihm springen im letzten Moment zwei NVA-Soldaten sowie ein Polizist auf.

Der Zug rollt aus dem Bahnhof. Jetzt sind es nur noch drei Kilometer bis zur Grenzstation Albrechtshof. Deterling nickt seinem Heizer zu. Der schaufelt Kohlen in den Feuerraum. Zusätzlich macht er einen großen Kohlenhaufen mitten auf dem Fahrstand, damit im Tender Platz entsteht.

Nach Deterlings Berechnungen dürfte kein Druck mehr in der Bremsleitung sein. Jetzt muß irgendwann der Schwager die Notbremse ziehen. Plötzlich geht ein leichtes Rukken durch den Zug. Das war offensichtlich die Notbremse. Sie ist drucklos und zeigt kaum Wirkung. Heizer Lichy schaufelt Kohlen nach. Der Zug in die Freiheit beschleunigt. Ab jetzt kann er nur noch mit der Lok zum Stehen gebracht werden.

Der Zug fährt an Gärten vorbei und passiert einen Bahnübergang.

»In Westberlin sind Bahnübergänge!« schießt es dem

Heizer durch den Kopf. »Die wissen nicht, daß wir kommen.«

»Wir geben Notsignal.« Der Lokführer hat eine Leine an den Hebel der Signalpfeife gebunden. Die Leine reicht bis zum Versteck im Tender.

»Und wie wollen wir anhalten?«

»Wir haben noch die Lok. Laß das meine Sorge sein.«

Heizer Lichy schaufelt Kohlen, was das Zeug hält. Die Lok beschleunigt auf 50 Stundenkilometer. Schneller will Deterling noch nicht fahren, weil er sonst riskiert, daß der Zug in Albrechtshof auf einer Weiche entgleist.

Nach fünf Minuten sehen sie den Grenzbahnhof Albrechtshof. Planmäßig muß der Zug hier stoppen und umspannen. Das Signal steht auf Halt. Am Bahnsteig stehen der Aufsichtsbeamte und mehrere Transportpolizisten. Fassungslos sehen sie zu, wie die Lok viel zu schnell in den Bahnhof einfährt. Der Zug spurt planmäßig aufs Nebengleis, rast am Bahnhof vorbei und fädelt sich an der nächsten Weiche wieder aufs Hauptgleis. Ein Polizist ruft irgendwas hinterher. Doch es ist zu spät.

Die Flüchtlinge in den Waggons wissen jetzt, daß es gleich ernst wird. Sie legen sich flach auf den Boden. Der Zugführer im fünften Wagen reißt verzweifelt an der Notbremse. Doch der Zug ist nicht mehr zu bremsen. Schließlich wirft sich auch der Zugführer, so wie alle anderen Insassen, flach auf den Boden.

Vorn in der Lok schaufelt Heizer Lichy Unmengen Kohle in den Feuerraum. Der Lokführer setzt die Maschine unter Volldampf. Sie beschleunigt auf 80 Stundenkilometer. Nach einer Minute sehen sie vom Fahrstand aus vorn einen hell beleuchteten Streifen: die Grenze. Deterling und Lichy springen in den Tender und schließen hinter sich die Schutzklappen.

Die völlig überraschten Grenzer greifen zu den Waffen. Schüsse peitschen durch die Nacht. Doch niemand kann die Dampflok stoppen. Mit heulender Sirene kracht die Lok in die Sperranlagen. Stahl trifft auf Stahl. Funken sprühen. Ein kurzes Rucken im Zug. Teile der Grenzsperren wirbeln durch die Luft. Der Zug in die Freiheit ist nicht aufzuhalten.

Lichy steckt den Kopf kurz hoch und ruft: »Wir sind über die Grenze. Die Schranken sind runter.«

Die Bahnwärter in Westberlin haben offenbar das Notsignal gehört und sehr schnell reagiert. Deterling und Lichy kriechen aus dem Versteck. Der Lokführer gibt Gegendampf auf die Maschine. Nach zweieinhalb Kilometern, kurz vor dem Einfahrtsignal Spandau-West, bringt er den Zug zum Stehen. Er macht die Lok mit der Handbremse fest. Der Heizer reißt das Feuer heraus. Es ist 20.45 Uhr, und der Lokführer und sein Heizer steigen glücklich, aber noch mit schlotternden Knien von der Maschine.

Ingrid Deterling klettert mit den vier Kindern aus dem Zug. Die beiden NVA-Soldaten helfen ihr dabei. Die anderen Flüchtlinge folgen ihr. Der Transportpolizist guckt aus dem Fenster und ruft: »Aussteigen auf freier Strecke ist verboten!«

»Du hast hier nichts mehr zu sagen«, antwortet ein Flüchtling, »wir sind im Westen!«

»Ich werde mich bei der Deutschen Reichsbahn beschweren!« flucht der Polizist und klettert ebenfalls aus dem Zug.

Der Zugführer, der Polizist, die beiden Soldaten sowie drei Frauen, die nichts von der Flucht wußten, nehmen ihr Handgepäck und gehen auf dem Gleiskörper zurück in Richtung DDR-Gebiet.

Die anderen Fahrgäste, insgesamt sechs Männer, zehn Frauen und sieben Kinder machen sich mit dem Lokführer und dem Heizer auf den Weg zum nächsten Wohnhaus. 25 Personen sind im Westen angekommen.

In der Gartenstadt Staaken klopft Harry Deterling an ein Siedlungshaus. Er bittet, die Polizei anrufen zu dürfen. Die Bewohner sind hilfsbereit. Deterling wählt den Notruf 110 und schildert, was passiert ist. Der Beamte antwortet kurz:

»Junger Mann, für Silvesterscherze ist es wohl ein bißchen früh«, und knallt den Hörer auf.

In der Wohnsiedlung spricht sich die sensationelle Flucht mit dem Zug im Nu herum. Nach einem zweiten Anruf kommt dann doch die Polizei und bringt die Flüchtlinge zur Wache nach Berlin-Spandau.

Außer den eingeweihten 24 Personen ist noch ein 17jähriges Mädchen mitgekommen. Sie hatte von allem keine Ahnung und wollte ursprünglich in Albrechtshof aussteigen. Ihre Eltern waren am Tag des Mauerbaus in Westberlin geblieben. Sie fürchtete, die Eltern nie wiedersehen zu dürfen. Die Polizisten in Spandau rufen die Eltern an. Minuten später gibt es für diese Familie ein Wiedersehen.

Schon am Morgen nach der Flucht müssen Ostberliner Bautrupps unter strenger Bewachung an der Stelle des Grenzdurchbruchs die Schienen vom Gleiskörper reißen. Die Bahnstrecke zwischen Albrechtshof und Spandau wird gekappt. Wo einst Züge fuhren, wird ein unüberwindbarer Grenzzaun installiert.

Das MfS registriert zähneknirschend, daß es in den Grenzorten Falkensee und Albrechtshof ein neues geflügeltes Wort gibt: Fragt jemand lapidar: »Wie gehts?«, be-

Am Morgen nach dem Grenzdurchbruch wurden die Schienen zwischen Albrechtshof und Spandau unpassierbar gemacht.

kommt er neuerdings zur Antwort: »Ach, sag nichts, ich hab' den letzten Zug verpaßt.«

Nach dem spektakulären Grenzdurchbruch des Lokführers Harry Deterling werden auch alle stillgelegten Gleise zwischen Ost und West demontiert. An den wenigen verbliebenen Transitstrecken, auf denen die Interzonenzüge verkehren, installiert man mit großem Aufwand automatisch gesteuerte Entgleisungsweichen. Seitdem hat nie wieder ein Zug die Sperranlagen durchbrochen.

Lokführer Harry Deterling und Heizer Hartmut Lichy werden in Abwesenheit zu 13 bzw. sieben Jahren Zuchthaus verurteilt.

Für Familie Deterling ist auch im Westen die Flucht noch nicht zu Ende. Ab 7. Dezember wohnen die Eltern mit ihren Kindern im Notaufnahmelager Marienfelde. Am folgenden Tag versuchen Unbekannte, den Familienvater in eine Gaststätte einzuladen. Es stellt sich heraus, daß die Fremden vom MfS gesandt wurden, um den Lokführer zurückzuholen. Aus Sicherheitsgründen fliegt man die Deterlings am 9. Dezember mit einer amerikanischen Militärmaschine aus. In Frankfurt/Main werden sie in einem mit Gardinen verhängten Pkw abgeholt und zur US-Kaserne Camp King bei Oberursel gefahren.

Das freundliche Angebot der Alliierten, die Familie in die Staaten zu bringen, lehnen sie jedoch ab. Sie wollen in Deutschland bleiben. Doch sie können und wollen nicht ewig in einer Kaserne leben. Am 20. Januar 1962 ziehen sie in ein Aufnahmelager in Massen bei Unna und leben dort zunächst unter Polizeischutz.

Am 29. Januar meldet sich eine unbekannte Frau bei Deterlings: »Verschwinden Sie so schnell wie möglich! Mein Mann hat den Auftrag, eines Ihrer Kinder zu entführen.«

Harry und Ingrid Deterling, die 1961 mit einem Zug nach Westberlin geflohen sind.

Die Polizei veranlaßt sofort den Umzug an eine geheime Adresse bei Hagen. Das Haus wird rund um die Uhr bewacht. Jegliche Korrespondenz wickelt die Familie, in Abstimmung mit der Polizei, über Deckadressen ab. Dennoch erhält Harry Deterling immer wieder Morddrohungen.

Die Familie muß erneut umziehen. Unter Polizeischutz und bei strengster Geheimhaltung gehen Deterlings in den äußersten Südwesten Deutschlands. Niemand, auch nicht die engsten Verwandten, erfahren den Wohnort. In ihrer neuen Heimat am Bodensee weiß niemand, woher sie kommen. Hier gehen die Kinder zur Schule, und Harry Deterling arbeitet wieder als Lokführer.

Die Post, die erneut aus Sicherheitsgründen über Dritte geleitet wird, ist die letzte Brücke zu Freunden und Verwandten in der DDR. Auf diesem Wege erhält Harry Deterling im Jahre 1974 – also 13 Jahre nach der geglückten Flucht! – die letzte Drohung. Ein kurzer Brief aus Zeitungsschnipseln mit den Worten: »Auch Du wirst Stalins Füße küssen!«

Bis zum Mauerfall lebt die Familie durch die Polizei sorgfältig abgeschirmt in Süddeutschland. Am 30. Januar 1989 fährt Lokführer Harry Deterling seine letzte Schicht bei der Deutschen Bundesbahn. Als Pensionär, im Mai 1990, betritt er, nach mehr als 28 Jahren, erstmals wieder DDR-Gebiet.

135 Schüsse auf die »Friedrich Wolf«

Es ist Freitag, der 8. Juni 1962. Um 4 Uhr morgens liegt noch ein zarter Dunst über der Spree und den Wiesen am Treptower Park in Berlin. Es soll ein sonniger und warmer Tag werden. Am Anlegekai Stralauer Brücke des VEB Weiße Flotte betreten morgens die ersten Arbeiter und Angestellten das Betriebsgelände. Die Schiffe werden gereinigt, Proviant wird gebunkert, und das eine oder andere muß repariert werden. Die Saison hat gerade begonnen. Und am bevorstehenden Wochenende wird Hochbetrieb herrschen.

In dem Trubel fällt es nicht auf, daß gegen 4.30 Uhr sechs Personen, die hier nicht arbeiten, den Fahrgastanleger betreten und sich an Bord der »Friedrich Wolf« begeben. Es sind vier junge Frauen sowie ein junger Mann. Eine der Frauen trägt einen Flechtkorb, in dem ein Baby schläft.

Die sechs Personen schleichen sich in die Bordküche der »Friedrich Wolf«. Dort empfängt sie Schiffskoch Jörg Lindner und fordert sie auf, sich auf den Boden zu legen. Der neue weiße Ausflugsdampfer ist das Flaggschiff der volkseigenen Fahrgastschiffahrt. Es ist 60 Meter lang, 8 Meter breit, 350 Tonnen schwer und bietet 275 Fahrgästen Platz.

Zur selben Zeit erscheinen von den Nachbarschiffen im Hafen drei junge Männer, alle Anfang 20 und in Uniform der Weißen Flotte: der Bootsmann Peter Currle, sein

Kollege Peter Warczewski und der Schiffskellner Dieter Berger. Mit einem kurzen Nicken werden sie an Bord der »Friedrich Wolf« vom 2. Maschinisten Dieter X. und vom Schiffsjungen Bodo Kunkel begrüßt.

Außerdem an Bord der »Friedrich Wolf« sind Manfred B. und Hans K., zwei Schlosser aus Magdeburg, die einen Reparaturauftrag auszuführen haben. Und dann liegen da noch zwei SED-Genossen tief schlafend in ihren Kabinen: der Kapitän sowie sein 1. Maschinist. Beide sind volltrunken.

Um 4.45 Uhr startet der 2. Maschinist im Maschinenraum die beiden Dieselmotoren. Zugleich nehmen die Bootsmänner Currle und Warczewski die schweren Stahlplatten, die im Maschinenraum als Flurplatten liegen, auf und tragen sie durch den Salon nach oben zur Brücke. Der gesamte Steuerstand wird von innen mit Stahlplatten umstellt. Von außen ist davon nichts zu sehen.

Danach demontieren sie das Dach und die Fenster des Steuerhauses bis in Brusthöhe. Diese Handgriffe gehen sekundenschnell, weil sie bei niedrigen Brückendurchfahrten oft praktiziert werden. Bei 20 Schiffen am Liegeplatz stört sich niemand daran.

Die Maschinen laufen. Die Bootsmänner Peter Currle und Peter Warczewski stehen in Uniform und mit weißen Schirmmützen auf der jetzt offenen Kommandobrücke. Beide Männer haben dieses Schiff noch nie gesteuert. Doch sie kennen die Manövriereigenschaften vom Schwesterschiff »Johannes R. Becher« aus der sogenannten Dichterklasse. Currle nimmt das Steuerrad und befiehlt: »Leinen los!«

Schiffsjunge Bodo Kunkel und Koch Jörg Lindner lösen die Festmacher. Die »Friedrich Wolf« legt von der Pier ab und nimmt Fahrt auf. Das Schiff dreht jedoch nicht, wie üblich, in Richtung Osten nach Köpenick, sondern schiebt seinen Bug stromabwärts – nach Westen!

Bootsmann Peter Currle sagt zu seinem neben ihm stehenden Kollegen: »Wenn die mich abknallen, nimmst du das Ruder!« Weiter reden sie nichts. Denn es wird sofort todernst. Es ist die kürzeste und folgenschwerste Reise des Binnenschiffers Peter Currle. Seit sechs Monaten hat er auf diesen Tag gewartet.

Am 13. August 1961, dem Tag des Mauerbaus, wurde Peter Currle von seinem Kumpel Dieter Berger, der als Kellner auf demselben Schiff arbeitete, gefragt: »Willst du auch abhauen, in den Westen?«

Und Currle entgegnete: »Der Drahtverhau ist doch nur provisorisch. Irgendwann reißen sie den Scheiß wieder ab.«

Peter Currle hatte sich getäuscht. Die Mauer wurde von Woche zu Woche immer perfekter. Aber er wollte immer noch nicht gehen. In Ostberlin wohnte seine Mutter, die sich mühsam ihren Lebensunterhalt als Schneiderin verdiente und auch gesundheitliche Probleme hatte. Früher half er ihr, indem er im Westsektor Garn oder Stoffe kaufte. Doch das war jetzt vorbei.

Eines Tages vertraute er der Mutter an, daß er lieber als freier Mann leben würde. Die Mutter antwortete spontan: »Wenn du eine Gelegenheit hast, hau ab. Dann ist wenigstens einer aus der Familie drüben.«

Am 24. Januar 1962 führte die DDR per Gesetz die allgemeine Wehrpflicht ein. Jetzt gab es auch für Peter Currle keinen Halt mehr. Seinem Kumpel Dieter Berger vertraute er an: »Ich bin jetzt ebenfalls bereit zu fliehen.«

Auf Dieter Bergers Vespa-Motorroller fuhren sie nach Feierabend immer wieder an der Mauer entlang durch die geteilte Stadt und suchten nach einem Durchschlupf. Doch der Ring um das freie Berlin war längst dicht. Überall lauerten bewaffnete Grenzer. Im Laufe des Frühjahrs kamen sie zu der bitteren Erkenntnis, daß sich ihnen auf dem Landweg nirgendwo eine Chance zur Flucht bot.

Eines Abends im Mai 1962 trafen sie in einer Bierkneipe in Treptow ihren Kollegen Peter Warczewski, damals Hilfsbootsmann bei der Weißen Flotte. Warczewski hatte gute Kontakte nach Westberlin und suchte ebenfalls nach einem Weg in die Freiheit.

»Die einzige Chance, die wir noch haben, ist mit einem Schiff. Von unserem Anleger in Treptow brauchen wir nur unter der Stralauer Brücke durch und dann spreeabwärts. Nach einem Kilometer, wenn rechts der Osthafen kommt, gehört das linke Ufer schon zu Westberlin. Der Flutgraben der Oberschleuse ist schon Westgebiet.«

»Du willst mit einem Schiff in den Flutgraben?« fragte Currle.

»Das geht nicht mehr«, entgegnete Warczewski. »Über meine Kontakte habe ich von der Westberliner Polizei erfahren, daß dort unter Wasser Stahlgitter eingebaut sind. Wir müssen noch 100 Meter weiter und dann nach links in die Oberschleuse. Die können sie wegen des Schiffsverkehrs nicht abriegeln.«

»Und wenn das obere Schleusentor zu ist?«

»Dann setzen wir den Kahn kurz davor aufs Ufer.«

Am 5. Juni kurz vor Sonnenaufgang enterten sie ein unbewachtes kleines Fahrgastschiff, schlugen auf der Brücke eine Scheibe ein und brachen den Steuerstand auf. Doch es gelang ihnen nicht, die Maschine zu starten. Ehe es hell wurde, verschwanden sie wieder. Die Kriminalpolizei nahm zwar den Einbruch auf. Doch die Täter waren spurlos verschwunden.

Schon am nächsten Tag kam Warczewski mit einer wichtigen Neuigkeit zu Currle und Berger: »Übermorgen, am 8. Juni, haben wir die Chance des Lebens. Die ›Friedrich Wolf‹ kriegt neue Transformatoren. Die müssen per Kran eingeladen werden – und zwar im Osthafen.«

»In den Osthafen dürfen wir nicht, Grenzgebiet«, entgegnete Currle. »Gegenüber ist die Einfahrt in die Oberschleuse. Da fängt Westberlin an.«

»Darum ist das die Gelegenheit des Lebens. Das Schiff ist um 8 Uhr zur Reparatur angemeldet. Also liegt eine offizielle Genehmigung vor, das Schiff in den Osthafen zu fahren. Wir müssen nur schnell genug am Westufer sein.«

»Was machen wir mit dem Käpten und dem 1. Maschinisten?« fragte Currle. »Die tragen Tag und Nacht das Parteiabzeichen und pennen an Bord. Kaum vorstellbar, daß die mitkommen.«

»Die übernehme ich«, schlug Schiffskellner Berger vor. »Die beiden sind ja nicht nur stramme Genossen, sondern auch stramme Trinker. Vor allem dann, wenn es nichts kostet.«

Am Abend vor dem 8. Juni wurden Ehefrauen und ein Freund, insgesamt sechs Personen, informiert, daß sie sich frühmorgens auf der »Friedrich Wolf« einfinden sollen. Von seiten der Weißen Flotte waren außer den Anstiftern Peter Currle, Peter Warczewski und Dieter Berger folgende Personen in den Fluchtplan eingeweiht: der 2. Maschinist Dieter X., der Schiffskoch Jörg Lindner und der Schiffsjunge Bodo Kunkel. Alle drei arbeiteten auf der »Friedrich Wolf«.

Schiffskoch Lindner hatte einen Schlüssel für das Spirituosen-Schapp. Dort stand Schnaps genug für 275 Fahrgäste. Die geplante Vollnarkose für zwei SED-Genossen war gesichert. Sie vereinbarten, daß Schiffskoch Lindner die beiden abends zum Umtrunk einlädt.

Am Vormittag des 7. Juni fuhren Dieter Berger und Peter Currle mit der Vespa jene Strecke ab, die sie später mit dem Schiff zurücklegen wollten: vom Schiffsanleger östlich der Stralauer Brücke auf der Stralauer Straße entlang bis zum Osthafen. Sie hielten sich an eine Schiffsgeschwindigkeit von zehn bis zwölf Stundenkilometern. Wo am jenseitigen Spreeufer die Schleuse in den Landwehrkanal führt, stoppten sie den Motorroller.

»Genau 1,2 Kilometer«, sagte Berger. »Etwas über sechs Minuten haben wir gebraucht.«

»Also zehn Minuten Fahrt müssen wir schon rechnen«, meinte Currle.

»In der Zeit kann man allerhand Blei verspritzen«, antwortete Berger und blickte zum Wachposten auf der Oberbaumbrücke. Die beiden Binnenschiffer wußten zu dem Zeitpunkt noch nicht, daß es auf den Hallen des Osthafens weitere MG-Nester gab.

Seit dem Mauerbau gehörte der Osthafen zum Grenzgebiet, das nur von bestimmten Personen betreten werden durfte. Hafenbecken und Nordufer waren DDR-Gebiet. Das Südufer bildete die Grenze zum Westsektor.

Berger und Currle sahen von der Stralauer Allee aus ein Polizeiboot auf Strommitte patrouillieren.

»Wir müssen den Steuerstand panzern«, flüsterte Berger zu Currle. »Hoffentlich werden durch die Knallerei nicht so viele Leute im Schlaf gestört«, erwiderte Currle. »Wer will schon um die Zeit geweckt werden?«

Die Freunde fuhren zurück zum Anleger der Weißen Flotte. Im Salon der »Friedrich Wolf« sahen sie zwei fremde junge Männer sitzen. Der eine trug einen schicken Anzug, der garantiert nicht bei der HO auf der Stange gehangen hatte. Der andere steckte in einer amerikanischen Bluejeans – dem Traum eines jeden jungen Mannes aus dem Osten.

»Wat wollt ihr denn hier?« fragte Currle.

»Wir sind die zwei Monteure von der Schiffswerft Magdeburg. Wir sollen morgen die Transformatoren einbauen. Ich bin Manfred, mein Kumpel heißt Hans.«

»Und wo habt ihr die fetzigen Klamotten her?« fragte Berger.

»Westpaket.«

»Ick dachte schon, ihr seid von der Stasi und dürft rüber«, sagte Currle.

»Stasi sind wir nicht. Aber rübergehn würden wir schon ganz gerne«, meinte Schlosser Manfred.

»Dat is janz schon jefährlich, waste hier sagst.«

»Wenn du mir sagst, wo man am besten über die Spree schwimmen kann, höre ich damit auf.«

»Warum schwimmen, habt ihr in Magdeburg keene Schiffe?«

Nach einer halben Stunde offenbarten die zwei Magdeburger Schlosser, daß die Dienstreise nach Berlin nur ein Vorwand sei, um in der geteilten Stadt nach einer Fluchtmöglichkeit zu suchen. Damit stieg die Zahl der fluchtwilligen Crew von sechs auf acht Mann, zuzüglich jener sechs Personen, die am nächsten Tag an Bord kommen sollten.

Abends kurz nach 20 Uhr setzten sich die Magdeburger Monteure Manfred und Hans zum Kapitän und seinem 1. Maschinisten.

»Wir sollten einen kleinen Schluck auf die bevorstehende Reparatur trinken, damit der Kahn hinterher wieder richtig schwimmt«, schlug Manfred vor.

Zur selben Zeit kam Schiffskoch Jörg Lindner zur Runde

und trug in jeder Hand eine Flasche Weinbrand: »Ich habe beim Aufräumen Überplanbestände gefunden. Das Zeug muß weg, sonst kriegen wir Ärger bei der Inventur.«

»Na, Ärger will ja keiner haben«, murmelte der Kapitän und stellte Senfgläser auf den Tisch. »Und auf die bevorstehende Reparatur muß auch noch angestoßen werden.«

Der Abend nahm den erwarteten Lauf. Schiffskoch Lindner holte noch einmal zwei Flaschen Überplanbestände und zum Verdünnen des Schnapses einen Kasten Bier.

Um Mitternacht besuchten Currle und Berger, die auf dem Nachbarschiff wohnten, die fröhlichen Zecher. Der 1. Maschinist lag schon betrunken in seiner Koje. Sie schlossen die Kammer von außen ab. Damit war der erste Genosse außer Gefecht.

Auch der Kapitän konnte sich kaum mehr halten und lallte nur noch. Schiffskoch Lindner schenkte ihm den letzten Schluck aus der letzten Schnapsflasche ins Glas. Lindner und die beiden Magdeburger schleppten ihn in seine Koje. Den Türschlüssel fanden sie jedoch nicht. Dieter Berger und die Magdeburger postierten sich vor der Kapitänskajüte.

Berger flüsterte zu Currle: »So sternhagelvoll sah ich den Alten noch nie. Hoffentlich wird der wieder lebendig.«

»Da bin ick mir sehr sicher«, hauchte Currle. »Spätestens am Osthafen wird ein Wecker losrattern, der nicht zu überhören ist.«

Kurz nach Mitternacht erklärte Bootsmann Warczewski, daß er über einen Westberliner Freund, der regelmäßig zu Besuch in die DDR kommt, die Polizei im Westsektor informiert habe. Sie würde neben der Schleuse mit

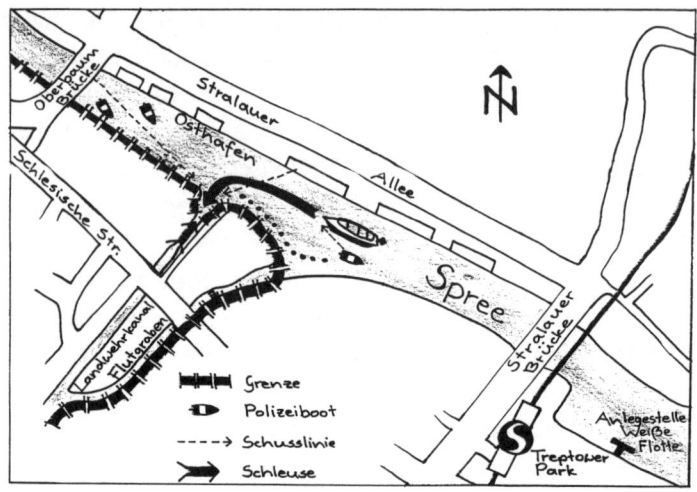

Der Fluchtplan: Der Ausflugsdampfer sollte vom Ostberliner Teil der Spree in den zum Westen gehörigen Landwehrkanal fahren.

Gewehren in Stellung gehen. Man rechnet auf jeden Fall mit Beschuß.

Gegen 1 Uhr legten sich die Bootsmänner Currle und Warzcewski sowie der Kellner Berger auf dem Nachbarschiff zur Ruhe. Die Nacht war nur drei Stunden lang. Am 8. Juni 1962 um 4.30 Uhr übernahm der 20jährige Bootsmann Peter Currle das Kommando auf der »Friedrich Wolf« und legte ab.

Gleich neben dem Anleger der Weißen Flotte überspannt die Stralauer Brücke die Spree. An dieser Brücke ist für die ostdeutschen Binnenschiffer die Welt zu Ende. Die Brücke darf nur mit Sondergenehmigung passiert werden. Für die »Friedrich Wolf« liegt heute eine solche Genehmigung vor, weil im Osthafen Transformatoren geladen werden müssen.

Currle steuert das Schiff vom oben offenen Fahrstand aus. Neben ihm steht Warczewski. Er stellt den Maschinentelegrafen auf mittlere Fahrt. Die zwei Hauptmaschinen werden unten vom 2. Maschinisten bedient. Die Befehle dazu erhält er über den Telegrafen.

Kaum haben die Flüchtlinge die Brücke passiert, sehen sie rechts den Osthafen, links das Westberliner Ufer mit der Einfahrt in die Schleuse. Voraus liegt die Oberbaumbrücke. Plötzlich löst sich aus dieser Richtung ein kleines Polizeiboot von der Ufermauer und kommt mit voller Fahrt auf sie zugeschossen.

Im selben Moment spielen sich unter Deck dramatische Szenen ab. Die laufenden Maschinen haben den Kapitän geweckt. Er reißt seine Kabinentür auf. Vor ihm stehen der Kellner Dieter Berger und die zwei Magdeburger Monteure. Berger sagt: »Paß auf, wir haben nichts zu verlieren. Wenn du Schwierigkeiten machst, haue ich dir den Schädel ein.« Berger hält eine Sektflasche in der Hand. Der Kapitän greift ihn an.

Das Polizeiboot ist in wenigen Sekunden auf Höhe der »Friedrich Wolf«. Es stoppt seine Fahrt. Im Boot steht ein Offizier. Ein Soldat sitzt am Steuer, ein zweiter hockt hinter ihm mit einer Maschinenpistole auf den Knien.

»Wohin?!« ruft der Offizier in scharfem Ton.

»Zum Osthafen. Transformatoren laden. Ich drehe gleich nach Steuerbord«, antwortet Currle.

Die »Friedrich Wolf« fährt weiter. Das Polizeiboot bleibt an ihrer Backbordseite achteraus. Currle gibt das in der Schiffahrt übliche Schallsignal: »Richte meinen Kurs nach Steuerbord«. Die Grenzer sollen glauben, er würde tatsächlich nach rechts in den Osthafen einbiegen.

Currle dreht sich kurz um. Das Polizeiboot ist jetzt auf Höhe seines Hecks. Linker Hand befindet sich am Westufer die Einfahrt zur Schleuse. Wenn er da noch hinein-will, muß er beidrehen.

Currle dreht blitzartig das Ruder hart nach Backbord und legt den Maschinentelegrafen auf volle Fahrt. Die »Friedrich Wolf« dreht scharf nach links und wirbelt am Heck das Schraubenwasser hoch, so daß das Polizeiboot durchgeschaukelt wird.

Von hinten schreit jemand: »Halt!« Sekunden später knattert schon eine Kalaschnikow.

Unter Deck liefert sich der Kapitän ein Handgemenge mit seinen Bewachern. Plötzlich peitschen Schüsse durch die Bullaugen und schlagen neben der Kapitänskajüte ein. Die Flüchtlinge unter Deck werfen sich zu Boden. Der Käpten legt sich in seiner Kammer lang.

Das Polizeiboot wendet und jagt der »Friedrich Wolf« hinterher. Der Schütze feuert aus der MPi. Doch aus sei-ner niedrigen Position kann er niemanden auf dem Fahr-stand des großen Schiffes treffen.

Das MPi-Feuer hat die MG-Schützen auf der Ober-baumbrücke und auf der Halle des Osthafens geweckt. Jetzt prasseln großkalibrige Geschosse von oben auf das Steuerhaus. Currle und Warczewski werfen sich hin. Zwei weitere Wachboote kommen angebraust.

Im Liegen können die Flüchtlinge das große Steuerrad nicht drehen. Ihre Kraft reicht nicht aus. Der Dampfer dreht zu weit nach Backbord. Er wird die Schleusenein-fahrt verfehlen. Currle greift zum Maschinentelegrafen. Das Schiff hat zwei Propeller. Maschinist Dieter X. muß unten im Maschinenraum die Dieselmotoren unterschied-lich schnell laufen lassen und so das Schiff steuern. Trotz einschlagender Geschosse reagiert er sofort auf jeden Te-legrafenbefehl. Im Liegen fährt Currle das Ausflugsschiff wie einen Panzer. Während die Salven die Aufbauten durchlöchern, meint er gelassen zu Warczewski: »Der Maschinist arbeitet ja präzise wie auf einer Vergnügungsfahrt.«

Unter Dauerfeuer fädeln sie das Schiff haargenau in die Schleuseneinfahrt ein. Kurz vor dem Schleusentor setzt Currle es auf die rechte Uferböschung. Die Maschinen laufen weiter auf voller Fahrt.

Das Schiff sitzt fest am Westberliner Ufer. Das Heck hängt auf der Grenzlinie. Das erste Wachboot kommt von achtern heran. Sie wollen das Schiff entern. Plötzlich wird vom Westen das Feuer erwidert. Gewehrsalven peitschen vor dem Bug des Wachbootes ins Wasser. Die Grenzer drehen ab und ziehen sich in Richtung Osthafen zurück.

Um 5.15 Uhr klettern 14 Flüchtlinge vom Schiffsbug auf die Uferböschung. Die hohen Aufbauten des Ausflugsdampfers bieten ihnen dabei Schutz. Westberliner Polizisten nehmen die Flüchtlinge in Empfang. Sie sind in Freiheit.

Die Bootsmänner Currle und Warczewski werden auf der Westberliner Polizeiwache in der Schlesischen Straße gebeten, den Ablauf der Flucht zu schildern. Der freundliche Beamte entschuldigt sich bei den mutigen Binnenschiffern:

»Wir können euch leider nur unsere Stullenpakete und abgestandenen Kaffee aus der Thermoskanne anbieten. Die Polizei-Kantine öffnet erst um 8 Uhr.«

Currle antwortet: »Hättet ihr uns das vorher gesagt, dann wären wir etwas später gekommen.«

Unterdessen schließt der Kapitän die Kammer seines 1. Maschinisten auf, und die zwei Genossen fahren die »Friedrich Wolf« zurück in die DDR.

Laut Untersuchungsbericht der Staatssicherheit wur-

Der ehemalige Bootsmann Peter Currle zeigt ein Bild der »Friedrich Wolf«, mit der er 14 Menschen in die Freiheit brachte.

den 135 Schüsse auf den Dampfer abgegeben. Die spektakuläre Flucht mit der »Friedrich Wolf« hat Konsequenzen für alle Ostberliner Binnenschiffer. Fortan darf niemand mehr in Grenznähe an Bord übernachten. Alle Fahrgastschiffe werden nachts verschlossen und bewacht. Um das Personal unterzubringen, richtet man separate Wohnschiffe ein, die keinen eigenen Antrieb haben. Außerdem muß auf allen Binnenschiffen, die in Grenznähe liegen, nach Dienstschluß das Steuerrad demontiert und bei der Betriebsleitung abgegeben werden.

Der mutige Bootsmann Peter Currle, der 14 Menschen in die Freiheit steuerte, fährt noch einige Jahre auf verschiedenen Binnenschiffen in Westeuropa. Er findet bald darauf in Frankreich eine neue Heimat, wo er noch heute lebt.

Ein Bus als Panzer

Am 13. August 1961 hört Hans Weidner aus Neugersdorf in der Oberlausitz im Radio vom Bau der Mauer.
Spontan sagt er zu seiner Familie: »Jetzt ist es zu spät!
Wenn ich bis heute nicht weggekommen bin, komme ich
nie hier raus!«

Hans Weidner besitzt ein kleines Fuhrunternehmen und
genießt im Kreis Löbau den Ruf eines cleveren, aber auch
aufsässigen Geschäftsmannes. Trotz seiner Kriegsverletzung, wegen der er an Krücken geht, fährt er Taxi und hat
außerdem noch zwei Fahrer beschäftigt. Vor dem Mauerbau unternahm er Reisen nach Westdeutschland, brachte
Weintrauben und Bananen in das weltentrückte Dorf in
der Oberlausitz. Wegen seiner renitenten, manchmal
hemdsärmeligen Art hat er hier aber nicht nur Freunde.

Völlig gestört ist sein Verhältnis zu den lokalen SED-
Bonzen. Er hat sich bisher standhaft gegen alle Enteig-
nungskampagnen gewehrt. Auch alle Werbungsversuche
der Stasi schlugen bei Hans Weidner fehl. Wenige Wochen nach dem Mauerbau wagt sich der Schulleiter zu
ihm und will ihn überreden, daß auch seine Tochter an
der Jugendweihe teilnehmen soll. Hans Weidner setzt ihn
kurzerhand vor die Tür.

Auch sein Bus, mit dem er unter anderem seinen Lebens-
unterhalt verdient, wird immer wieder zum Objekt der
Auseinandersetzung. Das zwölf Meter lange und zwölf
Tonnen schwere Gefährt wurde 1944 bei der VOMAG,

der Vogtländischen Maschinenfabrik, die es seit Kriegsende nicht mehr gibt, gebaut. Weidner entdeckte den Bus 1954 während einer Westreise bei einer Autofirma in Stuttgart. Er stand für wenig Geld zum Verkauf. Weidner wollte ihn mitnehmen. Allerdings war es damals nicht erlaubt, so einfach einen Bus aus der Bundesrepublik in die DDR einzuführen. Doch für einen Mann wie Hans Weidner sollte das kein Problem sein.

Er ließ das Fahrzeug von einem westdeutschen Strohmann kaufen. Dieser siedelte pro forma in die DDR über und nahm den Bus als Umzugsgut mit. Im Osten kaufte Weidner ihm den Bus dann ab, und der Strohmann verzog sich wieder Richtung Westen. Klar, daß dabei auch ein paar Scheine von Hand zu Hand gingen.

Omnibusunternehmer Weidner fuhr nun mit seinem Bus im Auftrag des VEB Kraftverkehr Zittau die Berufspendler aus der sächsischen Kleinstadt ins nahe gelegene Hirschfelde. Die Busse des VEB Kraftverkehr waren häufig nicht einsatzfähig, weil es mal keine Reifen, dann wieder keine Glühbirnen oder keinen Diesel gab. Doch Weidners Bus fuhr immer.

Den lokalen SED-Funktionären schmeckte das überhaupt nicht, schon gar nicht der Kreisdienststelle des MfS. Dieser renitente Kleinkapitalist war ein Dorn im Auge der sozialistischen Planwirtschaft. Bei jeder Kleinigkeit mußte Weidner zu Aussprachen in die Betriebsleitung des VEB Kraftverkehr Zittau, an denen stets die Parteileitung des Betriebes, mitunter sogar der SED-Kreissekretär teilnahm.

Kurz vor dem Mauerbau warfen ihm die Genossen vor, daß er sich auf nicht nachvollziehbaren Wegen Ersatzteile beschaffe, während die Busse des volkseigenen Betriebes aufgebockt auf dem Hof stünden. Sie drohten,

Hans Weidner fuhr regelmäßig mit seinem alten VOMAG-Bus im Auftrag des VEB Kraftverkehrs Zittau im Berufsverkehr der sächsischen Kleinstadt.

ihm den Kommissionsvertrag zu entziehen, so daß er keine Personen mehr befördern darf. Er wußte, das wäre sein wirtschaftlicher Ruin. Doch Weidner schreckte vor keiner Konfrontation zurück: »Wenn ihr mir den Kommissionsvertrag wegnehmt, dann schmeiße ich den Bus in den Fluß!«

Seit diesem Gespräch ist Hans Weidner klar, daß für ihn als Unternehmer kein Platz mehr in der DDR ist. Doch er fühlt sich seiner Heimat eng verbunden. Seine Wurzeln liegen in der Oberlausitz, wo die Familie seit Generationen wohnt. Als er jedoch vom Mauerbau hört, spürt er, daß er diese Wurzeln wohl ausreißen muß.

Hans Weidner ist jetzt fest entschlossen, mit seiner Familie in den Westen zu fliehen. Über Freunde aus Westberlin hat er allerdings erfahren, daß die meisten Grenzdurchbrüche mit Pkw scheiterten. Die stählernen Schlagbäume sind dicker als Eisenbahnschranken. Bei anderen Fluchtversuchen wurden die Reifen zerschossen oder der Fahrer mit gezieltem Schuß getötet. Es muß also ein anderes Gefährt sein. Der ehemalige Panzerfahrer weiß aus dem Krieg: Gegen zentimeterdicke Stahlplatten kann auch eine Kalaschnikow nichts ausrichten. Und eine Panzerfaust gibt es sicher nicht am Grenzübergang, denn niemand rechnet damit, daß dort ein Panzerfahrzeug anrückt. Er schmiedet also einen einmaligen Plan: Er will seinen Bus zum Panzerfahrzeug umbauen und damit die Sperren durchbrechen. Der alte VOMAG-Bus bietet beste Voraussetzungen für dieses Unternehmen: Das handgefertigte Fahrzeug ist massiv und schwer gebaut. Der langsam drehende Diesel hat eine Leistung von 150 PS. Er sollte trotz des zusätzlichen Gewichtes der Panzerung das Gefährt auf die nötige Fluchtgeschwindigkeit bringen können.

Weidner macht sich zunächst auf die Suche nach einem Grenzübergang mit einer langen geraden Fahrbahn, auf der das schwere Fahrzeug möglichst schnell fahren kann. Dann wird es nur schwer zu stoppen sein. Hans Weidner reist durchs Land und sammelt Informationen über die Straßenübergänge nach Westdeutschland, die jedoch alle ausscheiden. Die DDR hat in Richtung Westgrenze ein fünf Kilometer breites Sperrgebiet mit Vorkontrollen und Straßensperren eingerichtet, das kaum zu überwinden ist. So bleibt Weidner nur der Weg nach Westberlin. Seine erste Idee, in Staaken die Grenze zu den Westsektoren zu durchbrechen, muß er verwerfen. Dort haben die Grenztruppen massive Betonbarrieren eingebaut, die den Verkehr zur Slalomfahrt zwingen.

Anders stellt sich jedoch die Situation am Autobahnübergang Drewitz/Dreilinden bei Potsdam dar. Dort scheint ein Durchbruch möglich zu sein. Hans Weidner fährt bis zur letzten Abfahrt südlich des Kontrollpunktes und beobachtet mit dem Fernglas die Grenzanlagen. Er entdeckt, was er sucht: eine schnurgerade Straße ohne Hindernisse aus Beton. Nur drei Schlagbäume versperren die Fahrbahn. Zwar sieht er viele bewaffnete Grenzer. Doch vor denen fürchtet sich der ehemalige Panzerfahrer nicht.

Hans Weidner beschafft sich über einen ehemaligen Angestellten, der jetzt in Westberlin lebt, eine Lageskizze des Grenzübergangs Dreilinden. Aus dem Plan geht hervor, daß nach der Grenzabfertigung die Straße noch 1,8 Kilometer über DDR-Gebiet führt. Erst danach erreicht er Westberliner Territorium. Sein gepanzerter Bus muß also nach Durchbrechen der Sperren und massivem Beschuß, mit dem er rechnet, fahrtüchtig bleiben.

Einen Bus nachträglich und ringsum mit dicken Stahlplatten zu panzern verlangt Sachkenntnis und bedeutet unter den gegebenen Umständen schwere körperliche Arbeit. Wegen seiner Kriegsverletzung kann Hans Weidner den Umbau nicht allein bewältigen. Er braucht einen zuverlässigen Partner, der auch flüchten will. Der sollte dann auch den Bus fahren, weil Weidner sich das körperlich nicht mehr zutraute.

Hans Weidner kann sich vorstellen, den bei ihm angestellten Fahrer Jürgen Wagner für einen Fluchtplan zu gewinnen. Doch er wagt noch nicht, diesen daraufhin anzusprechen. Weidner ist vorsichtig und mißtrauisch geworden. Er wartet auf eine gute Gelegenheit.

Im Januar 1962 sitzen Firmenchef Weidner und sein Mitarbeiter Wagner allein beim Frühstück. Der zweite Fahrer der Firma ist unterwegs. Jürgen Wagner holt sein Frühstücksbrot aus der Tasche, sieht, daß es nur mit

Butter bestrichen ist, und flucht: »Hier gibt's nicht mal Wurst! Ist das ein Scheißstaat!«

»Würdest wohl lieber im Westen leben?« fragt sein Chef.

»Wenn ich wüßte, wie ich da hinkomme, wäre ich schon lange dort.«

Die Männer sind sich sofort einig. Jürgen Wagner bittet darum, seine Frau und die beiden kleinen Kinder mitnehmen zu dürfen. Alles kein Problem. Der Bus ist groß genug.

Nur eine Frage bereitet dem jungen Fahrer Sorgen: »Was passiert, wenn in unserer Spur ein Pkw mit Personen steht? Die können wir doch nicht platt fahren!«

Sein Chef entscheidet: »Wir durchbrechen die Sperren am Heiligabend, und zwar genau dann, wenn die Bescherung ist. Da hast du mit Sicherheit kein Auto vor der Nase.«

Den Sommer über bereiten die Männer den Umbau des Omnibusses vor. In der sozialistischen Planwirtschaft gibt es natürlich nicht so einfach Panzerplatten zu kaufen. Doch Unternehmer Weidner hat beste Beziehungen. Er organisiert neun Millimeter starke Stahlplatten, die eigentlich für Brunnenabdeckungen verwendet werden. Diesen Stahl wird keine Gewehrkugel durchschlagen.

Hans Weidner und Jürgen Wagner panzern zuerst den Motor. Die zusätzlichen Einbauten sieht man dem Fahrzeug von außen nicht an. Vor allem die Einspritzpumpe und deren Leitungen müssen gegen mögliche Querschläger geschützt werden.

Besonders aufwendig ist die Panzerung des Innenraums. Immerhin müssen auf jeder Seite des Busses mehr als zehn laufende Meter Fahrgastraum mit Stahlplatten gesichert werden. Ab Dezember 1962 meldet Weidner das Fahrzeug beim VEB Kraftverkehr wegen dringender Reparaturen bis Jahresende ab. In der eigenen Garage bauen der Chef und sein Chauffeur die Innenverkleidung unter den Fenstern heraus. Wo dünne Sperrholzplatten saßen, wird nun neun Millimeter dicker Panzerstahl angeschraubt. Auch eine stählerne Trennwand zwischen den Vordersitzen und dem Fahrgastraum bauen sie ein. Hinterher werden die Panzerplatten wie alle anderen Teile der Innenverkleidung gelb gestrichen. Auf den ersten Blick kann niemand die Umbauten erkennen.

Ein besonderes Problem bereitet die Verstärkung des runden Fahrzeughecks. Es ist ausgeschlossen, gebogene Stahlplatten zu beschaffen. Aber das Heck ist besonders gefährdet. Hans Weidner geht davon aus, daß die überraschten Grenzer mit ihren Kalaschnikows dem Bus hinterherfeuern werden. Kurzentschlossen laden Weidner und Wagner 25 Zentner Kohlen in Säcken in den hinteren Teil des Fahrzeugs und stapeln sie bis zur Decke.

Kriegsveteran Weidner vermutet außerdem, daß die Grenzer versuchen werden, die Reifen platt zu schießen. Darum hält er eine Panzerung der Räder für unumgänglich. Er weiß, daß das riskant ist. Denn auf der Anreise von der Oberlausitz nach Berlin könnte das ungewöhnliche Fahrzeug auffallen. Aber er darf beim Grenzdurchbruch auch nicht mit platten Reifen liegenbleiben, denn er muß ja noch 1,8 Kilometer über DDR-Gebiet fahren.

Hans Weidner schneidet also aus zentimeterdicken Stahlplatten kreisrunde Scheiben in Größe der Räder aus. Diese werden auf die Felgen geschraubt. Die stählernen Scheiben sind so stark dimensioniert, daß der Bus im Falle eines Reifendurchschusses sogar darauf weiterfahren könnte.

Für die Frontscheiben schneidet der Fuhrunternehmer ebenfalls maßgenaue Stahlplatten zu, die mit einem Sehschlitz in Größe eines A4-Blattes versehen sind. Diese lassen sich von innen mit einer Klappe verschließen. Auf der Fahrerseite besteht die Panzerung aus einer Stahlplatte, die wie ein Sieb durchlöchert ist. Die Löcher sind jedoch kleiner als die üblicherweise verwendeten Geschosse. Die Panzerplatten für die Frontscheibe werden im Bus verstaut und sollen erst kurz vor dem Grenzübergang montiert werden.

Jetzt fehlt nur noch eine Vorrichtung, um eventuelle Sperren in Bodennähe wegzuräumen: ein massiver Rammbock. Er soll die Schlagbäume zertrümmern und gleichzeitig den Kühler schützen. Da es Winter ist und in der Oberlausitz gewöhnlich viel Schnee fällt, entscheiden sie sich zusätzlich für den Bau von einer Art Schneepflug. Niemand wird sich daran stören oder wird daraus sogar auf einen geplanten Grenzdurchbruch schließen.

Hans Weidner trifft sogar Vorbereitungen für den Fall, daß die Scheinwerfer des Busses zerschossen werden oder beim Durchbrechen der Schlagbäume ausfallen. Er installiert auf dem Dach des Fahrerhauses einen Motorradscheinwerfer, den er zusätzlich einschalten kann. Dieser könnte auch dazu dienen, schießwütige Grenzer zu blenden. Daneben montiert er eine Sirene. Auch die kann nicht schaden.

Schließlich besorgt sich Weidner noch einen Fahrbefehl für den Transport von Umzugsgut nach Potsdam-Babelsberg. Den will er im Falle einer Verkehrskontrolle auf dem Weg in Richtung Berlin vorzeigen. An den Kühler hängt er ein großes Schild mit der Aufschrift »Werkstattwagen«. Das soll signalisieren, daß das Fahrzeug nicht im regulären Liniendienst unterwegs ist.

Am 24. Dezember 1962 verabschieden sich Hans Weidner und seine Frau Elfriede sowie die Kinder Christine

Hans Weidners Bus: Fahrgastraum und Räder hatte er mit Stahlplatten gepanzert, unter der Stoßstange war ein Schneepflug montiert.

und Wolfgang von Elfriedes Eltern in Neugersdorf. Sie sagen, daß sie über Weihnachten eine Urlaubsreise nach Thüringen unternehmen wollen.

Hans und Elfriede laden mehrere Koffer mit Sachen in den Bus. Selbst Betten, Hausrat und viele persönliche Dinge werden verstaut. Die Kinder Christine und Wolfgang dürfen all ihr Spielzeug mitnehmen.

Kurz vor Heiligabend werden in den Wohnzimmern in Neugersdorf die Weihnachtsbäume für die bevorstehende Bescherung geschmückt. Hans und Elfriede Weidner steigen am 24. Dezember gegen 16 Uhr mit ihren Kindern in den Bus. Der Kraftfahrer Jürgen Wagner mit seiner Ehefrau Sybille und ihren Töchtern Angelika und Gabriele steigen später zu.

Es ist ein kalter Wintertag. Die Quecksilbersäule zeigt Minus 18 °C. Der Bus steht zwar in der Garage, aber selbst dort herrschen Minusgrade. Hans Weidner und Jürgen Wagner machen zunächst Feuer unter dem Bus, um das Motorenöl vorzuwärmen. Um 18 Uhr springt der Diesel endlich an, und die Reise beginnt.

Doch der schwere Panzer-Bus kommt nicht weit. Nach drei Kilometern kocht Wasserdampf aus dem Kühler. Sie halten an. An einer Stelle des Kühlers scheint ein Leck zu sein, und der Rest des Kühlsystems ist eingefroren. Entsetzt stellen sie fest, daß sie vor Aufregung vergaßen, einen wichtigen Hahn zu öffnen. Es gibt keine Alternative: Der 200 Kilo schwere Kühler muß ausgebaut und gelötet werden. Aber es ist Heiligabend!

Da sich die beiden Familien ja überall für eine »Urlaubsreise« nach Thüringen verabschiedet haben, können sie jetzt nicht in ihren Heimatort zurückkehren. Hans Weidner entscheidet, daß Frauen und Kinder mit dem nächsten Zug von Ebersbach über Löbau nach Bautzen reisen. Dort sollen sie im Hotel »Weißes Ross« übernachten. Die Männer schlafen bei klirrender Kälte im Bus. Tags darauf, es ist der 1. Weihnachtstag, klopft Hans Weidner bei einem anderen privaten Fuhrunternehmer und guten Bekannten in Friedersdorf an die Tür.

Weidner sagt: »Stell keine Fragen. Der Kühler muß gelötet werden. Und zwar sofort.«

Der Fuhrunternehmer aus Friedersdorf läßt den Gänsebraten stehen und hilft, den schweren Kühler aus dem Bus zu bauen. Inzwischen ist schon ein Klempner aus einer anderen privaten Werkstatt gekommen und heizt den

Lötkolben vor. Am 1. Weihnachtstag kurz vor 17 Uhr ist der Bus wieder fahrbereit. Niemandem ist die Panzerung aufgefallen. Zumindest hat keiner versucht, sie auszuhorchen. Möglicherweise liegt es daran, daß Weihnachten ist und alle nur zurück zur Festtafel wollten.

Am 25. Dezember 1962 um 17 Uhr rollt der Bus wieder auf die Straße. Das Thermometer ist auf minus 20 °C gefallen. Und es schneit und schneit. Bei dem Wetter ist kein Mensch auf der Straße. Die Odyssee geht weiter. Frauen und Kinder werden in Bautzen abgeholt. Dann rollt der Panzer-Bus in Richtung Berlin. Gegen 23 Uhr sind sie in der Nähe von Senftenberg. Die Tankuhr sinkt in den roten Bereich, und Jürgen Wagner steuert die einzige Tankstelle des Ortes an.

»Was machen wir«, fragt er besorgt, »wenn der Tankwart die Panzerung an den Rädern sieht?«

»Dann kriegt er eins mit der Krücke über die Rübe, wird in den Bus gezogen und muß mit«, so Weidners Antwort.

Seine Krücken dienen ihm in dieser Zeit nicht nur als Gehhilfe, sie bergen außerdem ein Geheimversteck. Jede Krücke ist an einer unsichtbaren Stelle aufgebohrt, und in der Bohrung ist eine Feile versteckt. Sollte man Hans Weidner in den Knast stecken, will er damit die Gitterstäbe durchfeilen.

Währenddessen rollt der Bus an die Tankstelle. Der fröstelnde Tankwart sieht auf den Rammbock und den Schneeschieber. Hans Weidner öffnet die Beifahrertür und hält eine Krücke bereit zum Zuschlagen.

»Ihr seid also der Schneepflug, auf den wir seit Stunden warten«, sagt der Tankwart und zeigt auf das schwere Gerät.

»Ja, das sind wir«, antwortet Jürgen Wagner, springt aus dem Wagen und hilft beim Zapfen. Hans Weidner stützt sich entspannt auf seine Krücken.

Durch dichtes Schneetreiben fährt der Bus weiter in Richtung Berlin. Kein anderes Fahrzeug ist weit und breit zu sehen. Frauen und Kinder sind längst eingeschlafen. Es ist kurz vor Mitternacht am 1. Weihnachtstag. Plötzlich schlingert der Bus. Ist unter der Schneedecke Glatteis?

Der schwere Panzer-Bus zieht eine lange Slalom-Spur durch den Schnee, ehe Jürgen Wagner ihn zum Stehen bekommt. Es ist genau das passiert, was er schon länger befürchtet hat: Ein Hinterreifen ist geplatzt.

Der Bus ist für die Zuladung von 60 Fahrgästen gebaut, aber nicht für die Aufnahme von etlichen Quadratmeter Panzerplatten und 25 Zentner Kohlen. Der Reifen hat der Überladung einfach nicht mehr standgehalten. Im nächtlichen Schneetreiben bocken die zwei Männer mit den vorhandenen Mitteln den tonnenschweren Bus auf. Sie müssen die Panzerplatte vom rechten Hinterrad abschrauben und können dann den Reifen wechseln. Nachts um 3 Uhr sind sie endlich fertig. Sie schätzen, daß sie in weniger als zwei Stunden an der Grenze sein werden. Vorsorglich montieren sie schon die zwei Panzerplatten hinter die Frontscheiben.

Am 2. Weihnachtstag gegen 5 Uhr erreicht der Bus die erste Vorkontrolle etwa fünf Kilometer südlich vom Grenzübergang. An dieser Vorkontrolle werden die Ausweise jener Personen kontrolliert, die sich in Richtung Grenze bewegen. Der Kontrollposten hat keine Sperreinrichtungen auf der Fahrbahn, denn auch der normale Straßenverkehr in Richtung Potsdam muß noch hier vorbei.

»Was machen wir, wenn uns der Posten stoppt und fragt, wohin wir wollen?« fragt Jürgen Wagner besorgt.

»Was soll sein«, entgegnet ihm Weidner, »dann mache ich die Tür auf, haue ihm mit der Krücke eins auf die Rübe, und er muß mit.«

»Also wie immer«, antwortet der Fahrer trocken.

Als sich der Bus dem Kontrollhäuschen nähert, geht der Posten zufällig zur gegenüberliegenden Fahrbahn und spricht mit dem Fahrer eines Westberliner Pkw, der scheinbar ein Problem hat. Ungeachtet des Stoppschildes gibt Jürgen Wagner Gas und ignoriert die Vorkontrolle einfach.

Jetzt sind es nur noch Minuten bis zum eigentlichen Grenzübergang. Das Schneetreiben hat nachgelassen. Doch es herrscht noch immer schlechte Sicht. Gegen 5.20 Uhr sehen die Flüchtlinge vor sich helles Licht: der Grenzübergang – die erste Schranke!

Davor stehen drei Uniformierte. Jürgen Wagner gibt Gas. Der schwere Panzer-Bus beschleunigt auf 50 Stundenkilometer. Fuhrunternehmer Weidner schaltet den Suchscheinwerfer auf dem Dach und die Sirene an. Den Insassen befiehlt er: »Alle hinlegen!«

Noch wenige Meter bis zur Schranke. Wagner tritt das Gaspedal bis zum Anschlag durch. Hans Weidner sieht die drei Grenzer zur Seite springen. Dann schließt er die Sehschlitze in den Panzerplatten. Jetzt wird es ernst.

Mit Vollgas rast der Bus auf die erste Schranke zu. Durch ein seitliches Guckloch sieht Weidner, wie einer der Grenzer die Kalaschnikow hochreißt und auf den Bus feuert. Die beiden anderen ziehen ihre Pistolen und feuern ebenfalls. Drei weitere Uniformierte stürzen in diesem Moment aus dem Wachgebäude und eröffnen sofort das Feuer.

Da fliegt krachend der Schlagbaum zur Seite. Der Rammbock erfüllt seine Funktion: Der Diesel läuft noch. Jürgen Wagner gibt weiter Vollgas. Nach 100 Metern sieht er den zweiten Schlagbaum, der gerade geschlossen wird. Zwei Grenzer laden ihre Pistolen, ein dritter nimmt

die Kalaschnikow von der Schulter und macht sich schuß-
bereit.

Schon fährt der Bus mit voller Wucht in den nächsten
Schlagbaum. Pistolenschüsse peitschen gegen die Außenwand. Eine Kalaschnikow feuert hinterher. Da ist der
dritte Schlagbaum erreicht. Der gepanzerte Bus zertrümmert auch diesen. Ein Grenzer rennt zum Reifentöter,
einer Vorrichtung, die die Schläuche zerstören soll, und
will ihn hochklappen. Doch das Gerät ist eingefroren.
Der Bus hat auch die dritte Barriere genommen. Weidner
sieht aus dem Seitenfenster, wie sich ein Offizier bemüht,
seine Leuchtpistole abzuschießen. Doch auch die scheint
in der Kälte zu streiken.

Dann entschwindet der Bus aus der hell erleuchteten
Grenzanlage auch schon wieder ins Dunkle. Jürgen Wagner
hält das Gaspedal am Anschlag. Sie haben alle massiven
Hindernisse genommen. Der Motor läuft weiter zuverlässig, und keiner der Passagiere scheint verletzt zu sein. Doch
noch müssen 1,8 Kilometer durch DDR-Gebiet zurückge-
legt werden.

Unmittelbar vor der Grenze soll es noch einen NVA-
Posten geben, der liegt etwas seitlich rechts im Wald, hat
aber mit der Grenzabfertigung nichts zu tun. Wenn die
Soldaten dort alarmiert sind, so denken beide Männer
im Bus, geht das Feuerwerk gleich weiter. Wagner holt das
Letzte aus der Maschine heraus. Schon sehen sie den
Westberliner Kontrollpunkt vor sich. Rechts im Wald
bleibt alles ruhig, der Posten hat offenbar nichts bemerkt.

Um 5.30 Uhr passiert der Bus die Grenze. Jürgen Wagner stoppt vor der Baracke der Westberliner Polizei. Fuhrunternehmer Weidner sagt den Frauen und Kindern, daß
sie jetzt die Köpfe wieder hochnehmen können. Alle sind
unverletzt. Mit Hilfe seiner Krücken klettert Hans Weid-

Hans Weidner nach geglückter Flucht in Berlin-Marienfelde. Die Eisen-
ringe schützten die Reifen vor Einschüssen.

ner aus dem Wagen und fragt die völlig irritierten Polizisten: »Sind wir jetzt in Freiheit?«

Ein Polizeioffizier schüttelt fassungslos den Kopf, als er den alten VOMAG mit den zahlreichen Einschüssen sieht. Er weiß nicht, daß der Bus ringsum gepanzert ist. Eine Eskorte der Polizei begleitet den Bus und seine Passagiere zum Notaufnahmelager in Berlin-Marienfelde.

Am 28. Dezember 1962 übergibt der DDR-Verteidigungsminister Heinz Hoffmann seinem Staatsratsvorsitzenden Ulbricht und dem Sekretär des ZK für Sicherheitsfragen Honecker eine Meldung, die nicht unbedingt zur Erhöhung der Festtagsstimmung beiträgt: Am Grenzkontrollpunkt Drewitz/Dreilinden feuerten neun Genossen der Grenzsicherung insgesamt 34 Schuß auf einen alten Bus ab, der sich nicht stoppen ließ. Drei Kalaschnikows und sechs Pistolen kamen dabei zum Einsatz. Bedauert wird nicht etwa, daß zu Weihnachten geschossen wurde, sondern bedauert wird nur, daß alle drei Maschinenpistolen zeitweise Ladehemmung hatten.

Die Seilbahn über die Mauer

An einem Montagabend im Dezember 1963 betritt Heinz Holzapfel übermüdet die kleine Wohnung in der Edgar-André-Straße 15 in Leipzig. Er wirft seine Aktentasche in die Ecke und flucht: »Ich kann diese hohlen Phrasen nicht mehr hören!« Der junge Industrieökonom und SED-Genosse hat einen zermürbenden Arbeitstag als Planungsleiter in der VVB Furniere und Platten hinter sich. Anschließend folgte eine ewig dauernde Parteiversammlung.

Seine Frau Jutta kommt ebenfalls nach langem Arbeitstag beim Leipziger Messeamt müde nach Hause. Sie spürt seit Wochen, daß ihr früher so fröhlicher Mann immer frustrierter wirkt. Beide lernten sich in den 50er Jahren in der FDJ kennen. Als überzeugte Jungkommunisten wollten sie ein neues, besseres Deutschland aufbauen. Sie traten in die SED ein, nutzten die Bildungschancen, machten Karriere. Mittlerweile sind sie verheiratet und haben einen Sohn.

»Weltniveau! Neues ökonomisches System! Den Westen überholen!« Heinz Holzapfel macht sich ein Bier auf. »Das ist doch alles leeres Geschwätz. Ich glaube da nicht mehr dran.«

Und nach einer längeren Pause: »Am liebsten würde ich abhauen.«

Völlig unerwartet antwortet seine Frau: »Ich auch.«

An diesem Abend gestehen sich zwei ehemals überzeugte

Genossen ein, was sie schon seit Monaten wissen, aber dem anderen nie zu offenbaren wagten: Sie glauben nicht mehr an den Sieg des Sozialismus. Das Wirtschaftssystem des Westens ist weit überlegen. Die politischen Parolen können das auf Dauer nicht mehr kaschieren. Heinz Holzapfel bekennt gegenüber seiner Frau erstmals: »1961, als sie die Mauer bauten, hatte ich das Gefühl, als würde ich auf einem Bahnsteig stehen, und der letzte Zug fährt ab.«

Heinz und Jutta Holzapfel erkennen, daß sie jahrelang auf Sand gebaut haben. Sie wollen nicht mehr für den Sozialismus streiten, sondern als freie Menschen in einem freien Land leben. Doch die Wege dorthin sind zugemauert. Sie reisen in die ČSSR und stellen fest, daß auch dort die Grenzen unüberwindbar sind. Mit einem Kind wollen sie nicht unter Lebensgefahr über den Stacheldraht klettern.

»Wenn wir den Eisernen Vorhang überwinden«, meint Heinz Holzapfel, »dann in sicherer Höhe, wo uns niemand vermutet.« Er plant, einen Ballon zu bauen. Doch der junge Mann stellt fest, daß es in den Buchläden und Bibliotheken der DDR nicht einen Titel über den Bau von Heißluftballons gibt.

Die beflügelnde Idee kommt ihm dann auf einer Dienstreise. Zweimal im Monat muß er als Planungsleiter der VVB zu Verhandlungen ins Haus der Ministerien der DDR nach Berlin. Der riesige Gebäudekomplex war in den 30er Jahren für Hermann Görings Reichsluftfahrtministerium erbaut worden. Jetzt saß darin unter anderem der Kopf der DDR-Planwirtschaft.

Das Haus der Ministerien steht in der Grotewohlstraße, die sich in Westberlin als Wilhelmstraße fortsetzt. Das Gebäude grenzt mit seiner südlichen Stirnseite an die Niederkirchnerstraße. Entlang dieser Straße verläuft die Mauer. Von der südlichen Front des Hauses der Ministerien aus sind es nur 15 Meter bis nach Westberlin.

Heinz Holzapfel geht mehrmals durch die endlosen Korridore des monströsen Gebäudes. Von einigen Diensträumen im 6. und 7. Stock sieht er schräg unter sich die Straßen von Westberlin. Da kommt ihm eine geniale Idee. Er fährt abends zurück nach Leipzig und offenbart seiner Frau: Wir bauen eine Seilbahn in den Westen.

Doch wie spannt man ein tragendes Seil über den Todesstreifen? Heinz Holzapfel hält es für ausgeschlossen, eine derart lange Trosse, die vermutlich ein beachtliches Gewicht hat, ins Haus der Ministerien zu schmuggeln und über die Mauer zu werfen. Er braucht also Fluchthilfe aus Westberlin.

Bei der nächsten Dienstreise in die Hauptstadt begutachtet der junge Ökonom den Gebäudekomplex aus größerer Entfernung. Von der Leipziger Straße aus kann er das Dach sehen. Nur der an die Mauer grenzende Teil des Daches bleibt ihm verborgen. Das Dach hat nur eine geringe Neigung und ist mit Luken, Lüftungsrohren und Fahnenmasten reich bestückt. Es gibt also viele Möglichkeiten zur Befestigung eines Drahtseils.

Aus der Distanz sieht er einen möglichen Fluchtweg: Man muß durch ein Fenster im 7. Stock auf das Dach des 6. Stocks steigen und dann in Richtung Grenze kriechen. Nach einigen Metern endet das Dach des 6. Stocks, und man muß auf das Dach des 5. Stocks hinabsteigen. Dort kann man die äußere Hauskante erreichen. Von da aus sind es schätzungsweise noch 15 Meter Luftlinie bis zum Westen.

Während die Grenzanlagen nachts hell erleuchtet sind, bleibt das Dach des Hauses der Ministerien dunkel. Personen, die in dieser Zeit übers Dach in Richtung Grenze schleichen, dürften nur schwer zu erkennen sein.

Um die notwendige Länge des Drahtseils zu ermitteln, muß Heinz Holzapfel die Höhe des Hauses wissen. Nach seinen dienstlichen Gesprächen geht er auf eine Toilette und mißt die Raumhöhe. Die Deckenstärke kann er im Treppenhaus feststellen. Er multipliziert die Summe mit fünf und addiert den Abstand zwischen Erdboden und Erdgeschoß sowie die Dachhöhe. Demnach ist das Dach über dem 5. Stock 24 Meter hoch.

Das SED-Zentralorgan »Neues Deutschland« liefert ihm die Vorlage für eine zweite Proberechnung. Dort ist das Haus der Ministerien auf einem Foto zu sehen, davor eine Person, die er auf 1,70 Meter schätzt. Anhand dieser Proportionen ermittelt er eine Gebäudehöhe von 23 Metern.

Heinz Holzapfel fertigt eine maßstabsgetreue Skizze an. Ein Seil würde hinter dem Hausdach sofort über die Grenze führen. Darum muß der an der Rolle hängende Flüchtling gleich eine hohe Geschwindigkeit haben. Zudem sollte er die Grenze in ca. 15 Meter Höhe überrollen, damit er ungesehen über die Scheinwerfer schweben kann. Heinz Holzapfel errechnet dafür eine Seillänge von ungefähr 100 Metern.

Doch wie kommt man nachts ungesehen aufs Dach des bewachten Gebäudes, in dem die Elite der DDR-Wirtschaft verkehrt? Ökonom Holzapfel findet im 7. Stock eine Stelle, wo die Zimmerflucht unterbrochen ist. Ein Nebengang führt zur Außenwand und hat dort ein Fenster. Darunter liegt das Dach des 6. Stocks. Ein idealer Ausstiegsort.

Um mit Frau und Kind nachts aufs Dach zu steigen, müssen sie sich nach Dienstschluß – in den Ministerien

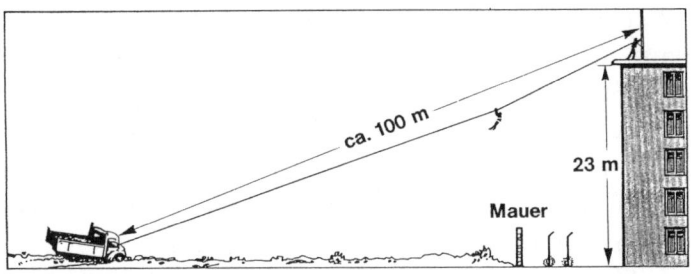

ca. 100 m

23 m

Mauer

Für die Flucht vom Dach des Hauses der Ministerien in der Ostberliner Otto-Grotewohl-Straße (heute wieder Wilhelmstraße) benötigte Heinz Holzapfel ca. 100 Meter Stahlseil.

einheitlich um 17 Uhr – verstecken können. Das wäre in dem Raum möglich, wo er regelmäßig verhandelt. Aber er besitzt keinen Schlüssel.

Vor der nächsten Dienstreise in die Hauptstadt präpariert Heinz Holzapfel sein Zigarettenetui mit Knetmasse. Während einer Konferenzpause, als nur drei Personen im Raum sind, eignet er sich für einen Augenblick den Zimmerschlüssel an, legt ihn ins Etui und drückt es zusammen. Da passiert ein Malheur: Der Schlüssel klebt fest. Mühsam befreit ihn Holzapfel wieder von der Knete. Und auch der nächste Fehlschlag folgt prompt: Der inspizierte Seitengang im 7. Stock, der zum Ausstiegsfenster führt, hat rechts und links je eine Zimmertür. Im ganzen Haus haben die Türen Nummern sowie Schildchen mit der Dienststelle und den Namen der dort tätigen Personen. Aber diese zwei Türen tragen keine Schildchen.

Sind dahinter bedeutungslose Lagerräume? Heinz Holzapfel hält es für erforderlich, sich Gewißheit zu verschaffen. Er geht in den Gang. Sollten die Türen sich öffnen lassen und Personen im Raum sein, will er sagen, daß er sich geirrt habe. Er drückt die Klinke der rechten Tür herunter: verschlossen.

Vorsichtig drückt er die Klinke der linken Tür. Sie gibt nach. Er öffnet die Tür einen Spalt und erschrickt. Über einer Stuhllehne hängt eine Uniformjacke mit roten Schulterstücken – das muß Staatssicherheit sein, schießt es ihm durch den Kopf. Ohne daß er eine Person sieht, schließt er die Tür leise und macht sich eilig, aber unauffällig aus dem Staub. Er hört noch, wie ein Mann hinter ihm die Tür öffnet und sich nach dem ungebetenen Besucher umsieht. Doch Holzapfel ist schon verschwunden. Nach dieser Episode hält er es für ausgeschlossen, nachts durch diesen Seitengang aufs Dach zu steigen. Diese Räume sind mit Sicherheit Tag und Nacht besetzt.

Nachdem sich Heinz Holzapfel in einer anderen Etage etwas beruhigt hat, fährt er mit dem Paternoster wieder in den 7. Stock zurück. Ein Gebäude, so groß wie ein ganzer Häuserblock, sollte mehrere Möglichkeiten bieten, aufs Dach zu gelangen! Er inspiziert alle Toiletten. Doch hinter diesen WC-Fenstern gähnt immer nur ein steiler Abgrund zum Hof. Ganz zum Schluß sucht er eine Toilette am östlichen Ende eines langen Ganges auf. Er ist allein und öffnet das Fenster: Unglaublich! Das Dach des 6. Stocks liegt einladend unter ihm!

Der Familienvater ist begeistert. Das WC braucht nur von innen verschlossen zu werden. Dann können sie in Ruhe die Seilbahn vorbereiten. Er zückt den Zollstock und mißt Türblatt und Rahmen, um Verschlußeisen herzustellen.

Bleibt die Frage, wie er mit Frau und Kind am Fluchttag ins Haus der Ministerien kommt. Alle Besucher müssen in der Passierscheinstelle angeben, zu welchem Gesprächspartner sie wollen. Erst nach telefonischer Rückfrage wird ein Passierschein ausgestellt, von dem ein Durchschlag einbehalten wird. Der Passierschein muß dann an der Polizeiwache vorgezeigt und abends beim Verlassen des Gebäudes wieder abgegeben werden. Die Wache könnte also feststellen, daß nach 17 Uhr noch Besucher im Haus sind.

Am Ende seines nächsten dienstlichen Besuches im Herbst 1964 sagt Holzapfel nachmittags beim Verlassen des Hauses dem Polizisten in der Wache, daß er den Schein jetzt noch nicht abgeben könne, da er noch mal ins Gebäude müsse. Er wolle ihn später in der Information hinterlegen. Doch er behält den Schein und wartet vier Wochen – es passiert nichts. Nach gleicher Methode beschafft er dann einen zweiten Passierschein für seine Frau. Kinder in Begleitung eines Erwachsenen benötigen keine solchen Papiere.

Zu Hause plant Heinz Holzapfel nun den Bau der Seilbahn: Er will eine Schnur an einem Hammer befestigen und über die Mauer werfen. Sein im Westen lebender Bruder Kurt soll ein stabiles Drahtseil bereithalten. Die Flüchtlinge wollen es dann an der Schnur über die Mauer aufs Dach ziehen und dort festmachen. Danach muß es der Fluchthelfer in Westberlin straff spannen.

Er kauft zwei Rollen Tennisschlägerschnur mit einer Gesamtlänge von 45 Metern. Die glänzende Perlonleine streicht er schwarz. Als er sie wieder aufzuwickeln versucht, verwirrt sie sich zu einem Knäuel aus kleinen Spiralen. Unmöglich, dieses Gefitz über die Mauer zu werfen. Doch er findet in der DDR-Mangelwirtschaft keine andere Schnur, der er zutraut, ein schätzungsweise 30 Kilogramm schweres Stahlseil auf das Dach zu ziehen. Er muß sich also etwas einfallen lassen.

Mit dem im Osten üblichen Talent zum Improvisieren wickelt er die gestrichene Schnur Lage für Lage um einen Eimer. Er klebt Leukoplast darüber und steckt Schnur samt

Eimer in kochendes Wasser. Erkaltet läßt sich die Schnur leicht vom Eimer ziehen. Das Gebilde sieht aus wie ein Lampenschirm. Die Leine bleibt in Form.

Als Wurfgeschoß umwickelt er einen 500 Gramm schweren Hammer mit Schaumgummi, damit der Aufprall nicht zu hören ist. Er streicht ihn mit Leuchtfarbe, so daß die Helfer ihn im Dunkeln finden können. Am Hammerstiel befestigt er eine Öse und Karabinerhaken für die Schnur. An einem Sonntagvormittag trainiert er auf einer einsamen Wiese bei Leipzig den Hammerwurf. Das Geschoß fliegt 45 Meter weit und wickelt dabei sauber die Leine vom sogenannten Lampenschirm ab. Wurfkraft und Technik reichen also aus, um die 15 Meter von der Dachkante nach Westberlin zu schaffen.

Das Kernstück der Seilbahn aber bilden die Rollen und Tragegurte. Jedes Familienmitglied soll einzeln abgeseilt werden. Im Handel gibt es erwartungsgemäß kein geeignetes Material zu kaufen. Heinz Holzapfel läßt drei Rollen mit tiefer Nut aus Hartholz drechseln und mit einer zentrischen Bohrung versehen.

Jede Rolle sägt er in zwei Halbkreise auseinander, legt Fahrradnaben hinein und klebt sie wieder zusammen. Weil er den Leimstellen nicht traut, schraubt er auf beide Seiten der Rolle zusätzlich kreisförmige Sperrholzscheiben. Jede Rolle erhält ein mit Flügelmuttern an den Naben befestigtes Metallgestänge, das zum Anbringen der Gurte dient. Ehefrau Jutta nimmt Maß. Aus Gurtband, wie es bei Polstermöbeln Verwendung findet, näht sie für jedes Familienmitglied einen maßgeschneiderten Tragegurt.

Die Flüchtlinge warten auf absolute Dunkelheit. Sie entscheiden sich für die Neumondnacht am 28. Juli 1965. Schon zwei Wochen vorher sind sie nervös. Von Tag zu Tag erhöht sich die Anspannung. Sie wollen in der Aufre-

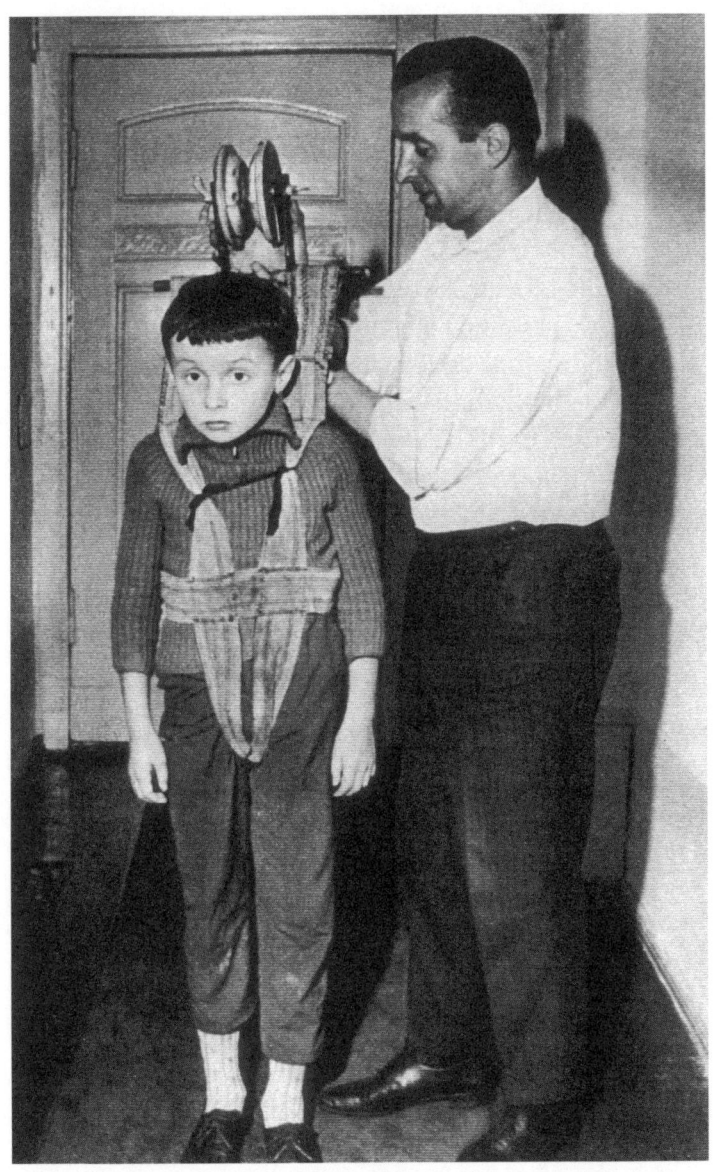

Die Holzapfels fertigten auch für ihren neunjährigen Sohn Günther einen maßgeschneiderten Tragegurt an.

gung keinen Fehler machen und beruhigen sich mit Brompräparaten. Auch der Sohn, der nichts von allem weiß, muß die in Wasser gelösten Pillen schlucken.

Bei einem Treffen in Ostberlin bespricht Heinz Holzapfel die Details mit seinem Bruder Kurt aus Mainz. Jener beschafft ein 150 Meter langes Stahlseil von sechs Millimeter Durchmesser und schwärzt es mit Teer. Er konsultiert einen Hochseilartisten. Dieser bestätigt, daß das Seil geeignet ist und eine mehrfache Sicherheit birgt.

Wenige Tage vor der Flucht treffen sich die Brüder nochmals in Ostberlin und vereinbaren Lichtsignale. Erhalten sie bis Mitternacht kein Zeichen vom Hausdach, gilt die Flucht als gescheitert. Sie verabschieden sich am Bahnhof Friedrichstraße und wünschen sich gegenseitig ein Wiedersehen am 28. Juli 1965 in Westberlin.

Schon am Tag vor der geplanten Flucht fliegen der Bruder, Kurt Holzapfel aus Mainz, sein Schwager, Hermann Schmidt aus Nürnberg, sowie Kurt und Gerhard Lindner aus Burgheim, die Brüder von Jutta, gemeinsam nach Westberlin. Sie suchen sich ein Hotel in unmittelbarer Nähe des Fluchtortes. Bis spät in die Nacht hinein beobachten sie die DDR-Posten an der Grenze.

Am 28. Juli um 5.30 Uhr verlassen Heinz und Jutta Holzapfel mit ihrem neunjährigen Sohn Günther die Wohnung in Leipzig. Ohne sich noch einmal umzudrehen, fahren sie mit der Straßenbahn zum Hauptbahnhof und nehmen um 6.13 Uhr den Zug nach Berlin.

Um 10.30 Uhr betreten sie die Passierscheinstelle des Hauses der Ministerien. Wie gewohnt ist um diese Zeit viel Betrieb. Beiläufig sieht sich Heinz Holzapfel die Passierscheine an, die den anderen Besuchern an diesem Tag ausgestellt werden. Sie gleichen denen, die sie in der Tasche haben.

Heinz Holzapfel geht, aus der Passierscheinstelle kommend, am Polizeiposten vorbei, hält seinen Schein kurz hoch und grüßt freundlich. Er ist im Haus. Minuten später folgt auf gleiche Art und Weise seine Frau mit dem Jungen.

Die Familie muß sich nun hier einen Tag lang die Zeit vertreiben. In dem großen Gebäude für die DDR-Wirtschaftselite ist das kein Problem. Es gibt Gaststätten, Läden, einen Friseur und eine Buchhandlung. Sohn Günther bekommt jeden Wunsch erfüllt und genießt den schönen Tag mit seinen Eltern. Er sucht sich ausgerechnet ein Buch über Fallschirmspringen aus. Was ihm heute noch bevorsteht, ahnt er nicht.

Alternativ zu der von Heinz für den Ausstieg favorisierten Herrentoilette im 7. Stock findet Jutta Holzapfel eine Damentoilette in der Nähe. Diese ist sogar noch besser geeignet, weil sie dichter an der Grenze liegt. Um 16.30 Uhr, als der Betrieb im Gebäude allmählich verebbt, schließt sich Heinz Holzapfel mit seinem Sohn Günther im Herren-WC ein. Um 17 Uhr verlassen dann die meisten Mitarbeiter das Haus. Um 17.05 Uhr schleichen Vater und Sohn zur Damentoilette, wo sie von Jutta Holzapfel schon erwartet werden. Der Vater zieht einen Zettel aus der Aktentasche »Toilette geschlossen, bitte die am Ende des Ganges benutzen!« und zweckt ihn außen an die Tür. In Sekundenschnelle blockiert er die Tür von innen mit den vorbereiteten Verschlußeisen. Der Sohn sieht fassungslos zu, stellt aber keine Fragen.

Etwa zur selben Zeit beobachten die Helfer in Westberlin das Haus der Ministerien. Sie entdecken auf dem Dach des 7. Stocks mehrere Personen. Durch den Feldstecher erkennen sie, daß mindestens einer davon eine russische Uniform trägt. Besorgt erkundigen sie sich bei einer amerikanischen Militärstreife. Der US-Offizier erklärt: »Auf diesem Dach befindet sich ein sowjetischer Luftbeobachtungsposten. Sehen Sie da, ganz oben auf dem höchsten Punkt! Die haben Tag und Nacht alles unter Kontrolle.«

Kurt Holzapfel aus Mainz fürchtet, daß die Aktion scheitert, denn der russische Posten liegt ganz nahe über dem Fluchtpunkt. Von oben müssen die Sowjets genau sehen können, was auf dem Dach passiert. Der Bruder reist kurzentschlossen über Bahnhof Friedrichstraße nach Ostberlin ein, um die Flucht noch irgendwie zu stoppen. In der Karl-Marx-Allee geht er in die Gaststätte, wo sich die Brüder stets trafen. Doch seine schwache Hoffnung, seinen Bruder hier zufällig noch zu sehen, erfüllt sich nicht. Ihm bleibt nichts übrig, als zum Haus der Ministerien zu gehen. Doch als Westdeutscher hat er keine Chance, eingelassen zu werden. Verzweifelt reist er zurück nach Westberlin. Er fürchtet, an diesem Tag Zeuge eines tragisch endenden Fluchtversuchs zu werden.

In der von innen verriegelten Toilette versuchen Jutta und Heinz Holzapfel unterdessen, ihrem Sohn umständlich zu erklären, was sie vorhaben. Der kapiert schnell und sagt mit leuchtenden Augen: »Ach, wir wollen fliehen!«

Die Eltern flüstern ihm zu, wie die Seilbahn funktionieren soll.

»Und wenn die schießen?« fragt der Sohn.

»Zum Dach hinauf können sie nicht schießen, weil uns dort niemand sieht. Und wenn wir vorsichtig sind, werden sie auch die Seilbahn nicht sehen.« Der Junge ist mit der Antwort zufrieden. Der Vater verspricht: »Wenn du dich verhältst, wie wir sagen, geht bald dein größter Wunsch in Erfüllung. Du bekommst ein Fahrrad.«

Ohne weitere Fragen legt sich der Junge auf einen am Boden ausgebreiteten Mantel und schläft ein. Das Ehepaar montiert die Eisengestänge an die Rollen und umwickelt sie mit Band, damit sie keine Geräusche machen. Heinz Holzapfel stülpt über den Reflektor der Taschenlampe einen schwarz gestrichenen Trichter. Den hat er aus der Zuckertütenspitze seines Sohnes gebaut. So zielt die Lampe nur auf einen kleinen Punkt, ohne seitliches Streulicht, das die Flüchtlinge verraten könnte. Tragegurte, Sicherungsleine und Schleichsocken aus alten Strümpfen, deren Sohlen mit Schaumgummi gepolstert sind, liegen bereit. Alles andere wird in zwei Aktentaschen verstaut.

Um 21.15 Uhr wollen sie aufs Dach steigen. Doch es ist noch zu hell. Plötzlich sehen sie eine Leuchtkugel, die ganz in der Nähe über der Grenze aufsteigt. Es folgen ein zweites und ein drittes Leuchtgeschoß. Doch unten am Todesstreifen ist niemand zu sehen. Die nächsten Wachtürme liegen außerhalb ihres Blickwinkels.

Um 21.30 Uhr wecken sie den Jungen. Sie legen ihre Tragegurte an und verschnüren sie. Über die Schuhe ziehen sie die Schleichsocken. Um 21.45 Uhr steigen sie aus dem Fenster.

Zur selben Zeit legen die Helfer in Westberlin ihre schwarze Kleidung an, damit sie von den DDR-Grenzern nicht gesehen werden. Mit dem Drahtseil im Gepäck verlassen sie das Hotel und beginnen, es auf dem öden Gelände hinter dem Haus der Ministerien auszubreiten. Das Hotelpersonal und einige Westberliner Polizisten beobachten die undurchsichtige Geschäftigkeit der dunkel gekleideten Männer. Die Polizei läßt sich die Ausweise zeigen. Kurt Lindner hat keinen dabei und muß mit aufs Revier.

Er sagt dem Wachoffizier: »Wenn Sie uns hindern, das Seil

über die Mauer zu spannen, werden die Flüchtlinge scheitern. Dann haben Sie die Verantwortung zu tragen.«

Das hilft. Der Offizier bestellt einen Funkstreifenwagen zum Einsatzort, der in einer Position geparkt wird, die vom Osten aus nicht einsehbar ist. Eine Viertelstunde später treffen 20 mit Maschinenpistolen bewaffnete Polizisten ein. Auch sie nehmen gedeckt Stellung. Sollte auf die Flüchtenden geschossen werden, wollen sie Feuerschutz geben.

Ab 21.45 Uhr kriechen die Flüchtlinge auf der anderen Seite der Mauer über das Hausdach in Richtung Grenze, voran der Vater, in der Mitte der Sohn, dahinter die Mutter. Zwei Aktentaschen führen sie mit. Sie sind schon eine halbe Stunde gekrochen, als sie direkt über sich auf dem Dach des 7. Stocks einen Aufbau entdecken, der wie ein Beobachtungsposten aussieht. Ihn sieht Heinz Holzapfel jetzt zum ersten Mal.

Nach etwa einer weiteren Stunde auf dem Dach und langsamem Vorwärtskriechen kommt ein beleuchtetes Fenster in ihr Blickfeld. Heinz Holzapfel vermutet, daß dies das Zimmer der Staatssicherheit sein muß, in dessen Nähe er ursprünglich aussteigen wollte. Das Licht aus dem Fenster wirft einen hellen Schein auf die Dachfläche. Die Flüchtlinge umkriechen das Fenster in einem weiten Bogen an der entlegenen Dachkante entlang. Als sie auf Höhe des Fensters sind, sehen sie darin mehrere Männer in Unterwäsche.

Sie kriechen vorbei. Plötzlich geht das Licht aus. Haben sich die Männer schlafen gelegt? Oder haben sie etwas bemerkt und das Licht ausgeschaltet, um besser ins Dunkle sehen zu können?

Die Flüchtlinge befinden sich jetzt am Ende des Daches des 6. Stocks. Unter ihnen liegt das Dach des Stockwerks darunter. Der Höhenunterschied beträgt nicht mehr als einen Meter. Schnell steigen sie hinab.

Auf diesem Dach gibt es keine Brüstungen, die als Deckung genutzt werden könnten. Die Familie kriecht darum flach auf dem Bauch liegend weiter, um sich nicht gegen den hellen Großstadthimmel abzuheben. Sie kommen langsamer voran als geplant. Es beginnt zu regnen. In wenigen Minuten sind sie klitschnaß.

Erst um 23.00 Uhr erreichen sie die lange Giebelfront, die parallel zur Grenze verläuft. In ungefähr 40 Meter Entfernung sehen sie einen Fahnenmast auf dem Dach des Ministeriums. Da müssen sie hin. Sie wenden ihre letzten Kräfte auf und kriechen weiter durch den Regen. Als sie am Fahnenmast ankommen, zeigt eine Turmuhr in der Nähe auf Westberliner Seite bereits 23.30 Uhr.

Jutta zieht ihren Mantel aus, wickelt den vor Kälte und Nässe zitternden Jungen darin ein und legt ihn flach aufs Dach. Heinz schwärzt sich das Gesicht mit Ruß und kriecht zur Dachkante. An der Grenze ist alles ruhig. Er gibt das vereinbarte Lichtsignal. Die Helfer signalisieren zurück.

Heinz Holzapfel bindet das eine Ende der Perlonschnur um den Fahnenmast. Das andere hakt er am Hammer ein. Seine Frau befestigt eine Sicherungsleine an seinem Tragegurt. Er kriecht zur Dachkante. Sie zieht die Leine straff und sichert ihren Mann am Mast.

Mit dem Wurfhammer in der Hand richtet er sich auf. Mehrmals holt er zum Wurf aus. Ein letzter prüfender Blick zur sauber aufgerollten Perlonschnur. Dann nimmt er Anlauf und schleudert den Hammer in hohem Bogen über den Todeszaun. Mit Freude sieht der Tüftler, wie sich seine Schnur sauber abrollt.

Der Hammer landet drei Meter hinter der Mauer. Nach

wenigen Minuten kriecht im Westen ein Mann aus dem Gebüsch, nimmt den Hammer und verschwindet. Nach einer kurzen Pause versucht Heinz Holzapfel zu ziehen. Doch nichts bewegt sich. Demnach ist das Seil noch nicht bereit. Eine ganze Stunde lang ist Widerstand zu spüren. Es hört auf zu regnen. Der kalte Wind trocknet die Sachen, und die drei Flüchtlinge auf dem Dach frieren erbärmlich.

Es ist schon weit nach Mitternacht. Heinz Holzapfel zieht jetzt mit Kraft. Das Seil gibt nach. Auch seine Frau packt mit an. Sie sehen, wie das Ende der Perlonschnur über die Mauer kommt, dann folgt das Drahtseil. In wenigen Minuten haben sie das Seilende auf dem Dach. Die Helfer haben einen Karabinerhaken angespleißt. Die Flüchtlinge legen das Seil um den Fahnenmast und klinken den Haken ein. Der Familienvater signalisiert mit der Lampe, daß nun das Seil gestrafft werden kann. Die Antwort kommt in Form eines grünen Lichts.

Vater und Mutter hängen ihren Sohn mit Rolle und Gurt an das gespannte Seil. Doch entsetzt sieht Heinz Holzapfel, daß das Seil viel zu tief am Mast befestigt ist. Es liegt jetzt stramm auf der Dachkante auf. Der Vater hebt das Seil mit der Schulter an. Nun müßte es hoch genug sein, daß das Traggeschirr mit den Rollen an der Dachkante vorbeikommt. Der Vater bietet seinem Sohn einen Schwamm an, auf den soll er beißen, um nicht schreien zu müssen. Doch Günther sagt, daß er das nicht braucht.

Die Mutter schubst den Sohn ab. Lautlos schwebt er in wenigen Sekunden über den Todesstreifen nach Westberlin. Die Eltern haben bewußt den Jungen zuerst geschickt. Auf den ersten Seilbahnfahrer wird aufgrund des Überraschungseffektes sicher nicht geschossen.

Beide Eltern beobachten einen Augenblick lang die Grenze. Alles bleibt ruhig. Jetzt hängt sich Jutta ans Seil.

Heinz hebt es wieder etwas an, und seine Frau schwebt ebenso unversehrt in die Freiheit. Im Westen angekommen, wird sie wie ihr Sohn vom Tragegurt freigeschnitten und zur Polizei gefahren.

Jetzt merkt Heinz Holzapfel, daß er sich, allein auf dem Dach, in einer ausweglosen Situation befindet. Niemand kann die stramm auf der Dachkante liegende Trosse für ihn anheben! Er gibt Lichtsignale, in der Hoffnung, daß das Seil gelockert wird. Doch die Helfer können die Signale nicht deuten. Er zieht verzweifelt am Seil, doch es gibt nicht nach. Er versucht, samt Geschirr und Rolle über die Dachkante zu kommen, doch es gelingt nicht. Er versucht, das Seil am Mast höher zu schieben, aber es gibt keinen Millimeter nach.

Die Helfer beobachten ihn mit dem Feldstecher. Sie sehen am Fahnenmast eine Person, die sich deutlich vom nächtlichen Himmel abhebt, sind sich aber nicht sicher, was sich da oben abgespielt hat. Sie schicken einen Mann zum Polizeirevier und fragen Frau Holzapfel, ob es sein könne, daß sich ihr Mann aus Verzweiflung am Mast erhängt hat?

»Um Gottes willen! Der hängt sich nicht auf!« Und in diesem Moment erst fällt ihr das Problem mit dem zu straffen Seil wieder ein: »Sie müssen einfach das Seil lockern, damit er über die Dachkante kommt.«

Kurz nach 1 Uhr, nach langem Warten, spürt Heinz Holzapfel endlich, daß die Seilspannung nachläßt. Die Fluchthelfer haben den Fehler erkannt! Zentimeterweise schiebt er es am Mast nach oben. Er hängt sich die Tasche mit den Papieren um und zwängt sich durch den schmalen Spalt zwischen Seil und Dachkante. Der Start gelingt. In dem Moment reißt sich die Tasche los und stürzt hinab auf den Grenzstreifen, und Heinz Holzapfel

Am Morgen nach der geglückten Flucht entfernte ein Angehöriger der Grenztruppen das Stahlseil von der Mauerkrone.

schwebt ohne Papiere weiter über die Mauer nach Westberlin.

Um 4.04 Uhr werden die Aktentasche im Grenzstreifen und das Drahtseil über der Mauer von einer Streife entdeckt. Dank der Ausweispapiere in der Tasche wissen die Grenzer sofort, wer die Seilbahn gebaut hat.

Einen detaillierten Bericht vom Tathergang liefern dann noch am selben Tag die »sowjetischen Freunde« von der Luftraumüberwachung nach. Von ihrem Posten auf dem Dach des Hauses der Ministerien aus hatten sie alles seelenruhig beobachtet: wie mehrere Personen auf das Dach stiegen, mit der Westseite Kontakt aufnahmen, ein Seil spannten und dann mit dieser Seilbahn entschwebten. Alarm lösten sie nicht aus. Sie nahmen an, die Genossen von der Staatssicherheit seien dabei, auf diesem Wege Agenten nach Westberlin zu schleusen.

Todesschüsse vor Tunnel 57[*]

Am 4. Juli 1964 wird der Westberliner Wolfgang Kockrow aus der Ostberliner Haftanstalt Keibelstraße entlassen. Der 31 Jahre junge Mann ist auf 48 Kilo abge-
magert, bleich und gesundheitlich am Ende. Hinter sich
hat er eine fünfeinhalb Jahre dauernde Odyssee durch die
Zuchthäuser der DDR. Er wird in einem VP-Auto über
Alex und Holzmarktstraße entlang der Mauer zur Oberbaumbrücke gefahren und auf die Brücke geführt. Ein
vergittertes Tor in Richtung Westen wird aufgeschlossen.
Der Offizier hinter ihm sagt auf sächsisch: »Gähn Se.«

Was hatte Wolfgang Kockrow verbrochen? Als junger
Mann engagierte er sich von 1946 bis 1958 in der sozialistischen Westberliner Jugendorganisation »Die Falken«.
Er organisierte internationale Jugendtreffen. Unter anderem verhandelte er mit der FDJ in Ostberlin.
   Kockrow beobachtete, daß die FDJ seit Jahresende 1956
mit immer neuen Gesprächspartnern auftrat und die
Verhandlungen von öffentlichen Einrichtungen in konspirative Wohnungen verlagerte. Der Westberliner Kockrow
vermutete den verlängerten Arm der Stasi. Er äußerte sich
dazu kritisch, auch vor FDJ-Funktionären, und schrieb
es in seinen Bericht an »Die Falken«. Den Stasi-Männern

---

[*] Benannt nach der Anzahl der Flüchtlinge.

im FDJ-Hemd war längst klar: Kockrow ist nicht ihr Mann; er muß verschwinden.

Am 2. Januar 1959 fuhr Wolfgang Kockrow zu einem Treffen mit Funktionären des FDJ-Zentralrats nach Ostberlin. Am hellichten Tage hielt ein Auto neben ihm, drei Männer sprangen heraus. Kockrow wurde in den Wagen gestoßen und abtransportiert.

Die Stasi konnte ihm nichts vorwerfen, was in einem Rechtsstaat zu einer Verurteilung geführt hätte. Also konstruierte das MfS den Vorwurf der Spionage. Kockrow hatte als Verhandlungsführer der »Falken« Gesprächsprotokolle für den »Falken«-Vorstand geschrieben. Das reichte für dreieinhalb Jahre Zuchthaus. Der Prozeß war geheim.

Wolfgang Kockrow hielt im Strafvollzug seinen kritischen Geist wach und äußerte sich ungeschminkt über das SED-Regime. Der Stasi kam das gelegen, denn sie fürchtete, daß er nach seiner Freilassung in Westberlin arbeitende Stasi-Spitzel verraten könnte. Der Chef der MfS-Verwaltung Berlin, Oberst Wichert, und sein Abteilungsleiter, Hauptmann Lahge, ordneten darum am 20. November 1961 gegenüber der DDR-Justiz an, Wolfgang Kockrow »wegen Hetze« zwei Jahre Haftverlängerung zu geben.

Am 9. August 1962 hatte Wolfgang Kockrow dreieinhalb Jahre abgesessen. Doch er wurde nicht entlassen, sondern aus dem Leipziger Zuchthaus heraus in Handschellen dem MfS Leipzig übergeben und nach sechs Monaten U-Haft dem Leipziger Bezirksgericht zugeführt. Der Vorsitzende Richter verurteilte ihn, gemäß MfS-Vorgabe, zu weiteren zwei Jahren wegen »staatsgefährdender Hetze«.

Man steckte ihn in Einzelhaft in eine dunkle Kellerzelle – ohne Kontakt nach außen und ohne Chance, auf die an ihm praktizierte Ungerechtigkeit aufmerksam machen zu können. Zwei Jahre später war sein Gesundheitszustand so ernst, daß er keine weitere Haftverlängerung mehr überlebt hätte. Der 4. Juli 1964 ist sein zweiter Entlassungstermin. Jetzt kommt er endlich frei.

Nach fünfeinhalb Jahren Haft wird Wolfgang Kockrow auf der Oberbaumbrücke das Tor in die Freiheit aufgeschlossen. Er tritt auf Westberliner Boden, dreht sich kurz um und schwört dem SED-Regime Rache.

Wohin soll er gehen? Seine Mutter hatte jahrelang in Ostberlin um eine Besuchserlaubnis gebettelt. Umsonst. In unzähligen Briefen bat sie den Sohn um ein Lebenszeichen. Doch sowohl ihre Briefe als auch die des Sohnes fing das MfS ab. Die um ihn ringende Mutter erhielt nie eine Antwort. Als er in den Westen zurückkommt, ist sie tot.

Wolfgang Kockrow fährt zum Bahnhof Zoo. Er erinnert sich an einen politischen Gefangenen und Haftkameraden mit Namen Heinz Klein. Jener war 1948 von den Sowjets zu 25 Jahren verurteilt und 1949 von der DDR-Justiz zu 13 Jahren »begnadigt« worden. Heinz Klein könnte heute in Westberlin wohnen. Wolfgang Kockrow ruft von der Telefonzelle am Bahnhof aus alle Personen mit Namen Heinz Klein an. Zigmal fragt er: »Entschuldigung. Waren Sie in den Jahren 1948 bis 1962 als politischer Häftling in einem DDR-Zuchthaus?«

Plötzlich ein Schrei: »Altes Haus! Ich bin sofort bei dir!«

Eine halbe Stunde später liegen sich zwei Männer in den Armen. Heinz Klein findet als erster die Worte: »Du lebst. Das ist das Wichtigste.«

Heinz Klein verschafft ihm eine Bleibe bei Freunden in der Kaiser-Friedrich-Straße in Charlottenburg. In der

WG überläßt ihm der Medizinstudent Horst Strobel ein möbliertes Zimmer. Strobel hat neun Jahre in Bautzen gesessen.

Strobel und Freunde kümmern sich um den vom Knast gezeichneten Kockrow. In der Hinterhofwohnung herrscht »fröhliches Jugendleben«. Wolfgang Kockrow lernt Freunde kennen, darunter den Physikstudenten Reinhard Furrer. Reino, wie sie ihn nennen, ist ein zupackender Mann, der ringsum Sympathie genießt. Angeblich finanziert er sein Studium durch Taxifahren. Merkwürdigerweise hat Reino oft schwarze Fingernägel.

Reino Furrer kommt Ende Juli in die WG und fragt Wolfgang Kockrow aus. Furrer will wissen, mit wem Kockrow in Ost- und Westberlin befreundet ist. Besonders interessiert ihn, ob er noch einflußreiche Politiker aus seiner Zeit bei den »Falken« kennt.

Dem WG-Bewohner Kockrow, der seine Hafterlebnisse noch nicht verarbeitet hat, werden die Befragungen unheimlich. Er vertraut seinem Gastgeber Strobel an: »Furrer sammelt Informationen über mich.«

Am folgenden Tag, dem 1. August 1964, fragt Reino Furrer, als er mit Wolfgang Kockrow allein ist: »Du mißtraust mir?«

»Ich habe im DDR-Knast Schlimmes durchgemacht, ich würde mich eher selbst töten, als noch einmal in die Hände der Stasi zu gelangen.«

Furrer sieht ihn schweigend an.

»Ich habe geschworen, irgendwann meine Rechnung mit den Kommunisten zu begleichen.«

»Ich biete dir eine Gelegenheit.«

Furrer skizziert mit Bleistift eine Straße in Westberlin, dann die Grenze und dahinter Häuser in der DDR. Straßennamen nennt er nicht.

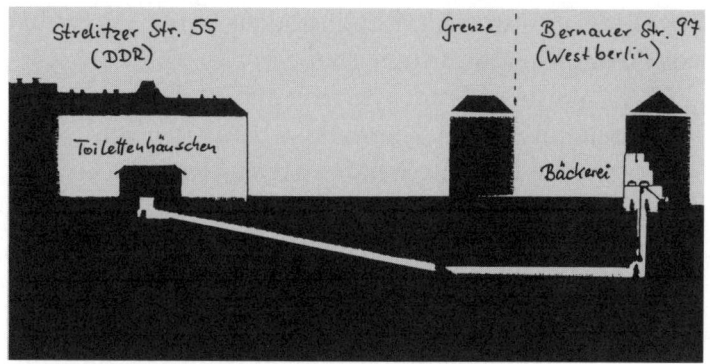

Westberliner Fluchthelfer gruben von der Sohle eines Schachtes einen 140 Meter langen, leicht ansteigenden Tunnel nach Ostberlin.

»Ich will Ulbricht ein Geschenk zum 15. Jahrestag der DDR machen«, erklärt Furrer. »Wir graben im Westen einen zwölf Meter tiefen senkrechten Schacht, wie einen Brunnen. Von da treiben wir einen 140 Meter langen Tunnel unter der Mauer hindurch. Am 7. Oktober öffnen wir im Osten eine Kellerwand. 127 Leute holen wir raus.«

»Und wenn unter den Fluchthelfern ein Stasi-Spitzel ist?«

»Alles handverlesene Leute: Ehepartner, Verlobte, Familienangehörige und studentische Freunde aus der Zeit vor 1961. Wer jemanden rausholen will, muß eigenhändig graben. Das zwingt zu höchster Konspiration.«

»Aber ich will niemanden rausholen.«

»Für dich haben wir eine spezielle Aufgabe.«

Der ehemalige Strafgefangene erfährt vor Ort Näheres über den Tunnel. Der Einstieg befindet sich in einer aufgegebenen Bäckerei in der Bernauer Straße 97 im Westsektor. Auf der Straßenseite gegenüber verläuft die Grenze. Enden soll der Tunnel im Keller des Hauses Strelitzer

Straße 55 in Ostberlin. Physikstudent Reino Furrer hat vom Westen aus alles vermessen.

34 Westberliner Studenten arbeiten in Zehn-Stunden-Schichten unter Tage. Niemand arbeitet für Geld. Jeder gräbt, um einen nahestehenden Menschen in die Freiheit zu holen. Das Haus über der Bäckerei ist bewohnt. Auch im Westen darf niemand Kenntnis vom Tunnel erhalten. Seit dem 10. April 1964 graben die Fluchthelfer. Je zwei Mann treiben unter Tage den horizontalen Stollen nach Osten. Andere holen mit Trog und Seilwinde das Erdreich hoch.

Der Abraum wird teils in die Backstube gefüllt. Da zuviel Erde anfällt, schütten Studentinnen sie auch in Kinderwagen, legen eine Babydecke darüber und fahren sie ab. Brenzlige Situationen entstehen stets, wenn ein Bewohner eine Frau mit Kinderwagen trifft. Wollte jemand nach dem Baby sehen, wäre alles zu spät.

In der Bäckerei lernt Wolfgang Kockrow den Medizinstudenten Christian Zobel und den Schauspieler Wolfgang Fuchs kennen. Zobel will einen Angehörigen aus der DDR holen. Fuchs ist ein erfahrener Fluchthelfer. Er mietete die Bäckerei und schuf damit die Voraussetzung für den Tunnelbau. Kockrow soll nicht unter Tage arbeiten. Er ist körperlich zu schwach. Furrer bittet ihn, eine Aufgabe zu übernehmen, für die er prädestiniert zu sein scheint:

»Wir brauchen Geld«, konstatiert Furrer, »für Stromversorgung, Belüftung, Kompressoren, Beleuchtung, Werkzeuge und Transportmittel. Außerdem benötigen wir Technik, die man nicht so einfach kaufen kann, wie Gasmasken, Blaulicht, Funkgeräte.«

Furrer ergänzt: »Du bist ein anerkanntes Opfer des SED-Regimes. Mit deiner Biographie kannst du Türen öffnen. Offiziell darf uns niemand helfen. Hältst du es trotzdem für möglich, einen Politiker zu finden, der uns – bei Wahrung der Konspiration – unterstützt?«

Schon wenige Tage darauf erhält Wolfgang Kockrow als »Verfolgter des Stalinismus« kurzfristig einen Termin bei Ernst Lemmer, zu dieser Zeit Bundesminister für Vertriebene und Flüchtlinge. Ohne Umschweife kommt Kockrow auf den Tunnel und die finanziellen und technischen Probleme zu sprechen. Er sagt aber nicht, wo gegraben wird. Sein Gegenüber lehnt sich im Sessel zurück.

»Sind Ihnen die Folgen Ihres Tuns bewußt? Haben Sie sich die innerdeutschen und internationalen Verwicklungen ausgemalt, die eintreten werden, wenn sich herausstellt, daß mein Ministerium sich auf ein solches Unternehmen einläßt? Allein dieses Gespräch erfordert meinerseits Maßnahmen, die nicht in Ihrem Interesse liegen dürften.«

»Ich habe fünfeinhalb Jahre DDR-Zuchthaus hinter mir. Sie können sich gewiß vorstellen, daß ich der Westberliner Polizei mein Wissen über den Tunnel nicht offenbaren würde. Ich gebe Ihnen mein Wort, daß wir nie über dieses Thema gesprochen haben.«

Kockrow will gehen. Der Minister bittet ihn mit einer Geste, sitzen zu bleiben. Er sagt kein Wort, sieht gelegentlich zu Kockrow und überlegt. Nach einigen Minuten richtet er sich auf: »Ich habe einen zuverlässigen Mitarbeiter. Wenn dieser Ihnen helfen will, werde ich ihm keine Steine in den Weg legen. Seine Hilfe darf gegenüber niemandem erwähnt werden. Warten Sie bitte im Vorzimmer.«

Wolfgang Kockrow bedankt sich. Nach einer Viertelstunde führt ihn eine junge Frau zu einem Regierungsrat derselben Behörde.

»Ich bin grob informiert. Bitte erzählen Sie keine Einzelheiten. Sagen Sie nur, was Sie am nötigsten brauchen.«

»Wir bitten um Geld für Werkzeuge und Material.«

»Was noch?«

»Ein Polizei-Blaulicht, zwei Funkgeräte, vier Gasmasken.«

Der Regierungsrat nennt Kockrow den Namen eines Polizeibeamten, den er sich merken soll. Weiter sagt er nichts. Innerhalb kurzer Zeit erhalten die Fluchthelfer Zuwendungen in Höhe von 35 000 DM aus CDU-nahen Kreisen. Kockrow bekommt einen Anruf von besagtem Polizisten. Dieser überreicht – ohne jede Frage oder Unterschrift – Blaulicht, Funkgeräte und Gasmasken. Der Beamte sagt nur: »Nach dem Einsatz sollen Sie alle Geräte zerstören und unauffindbar beseitigen.«

Laut Vermessung von Reino Furrer haben die Tunnelbauer am 1. September 1964 die Sektorengrenze erreicht. Die Studenten sind guter Laune. Dort, wo über ihnen die Mauer verläuft, hängen sie ein gestohlenes Schild in den Stollen: »Achtung! Sie verlassen den Französischen Sektor!«

Die kleine Feier unter Tage fällt aus. Entsetzt stellen sie fest, daß man keine Zigarette mehr rauchen kann – Sauerstoffmangel! Im 60 Zentimeter breiten und 80 Zentimeter hohen Tunnel besteht Erstickungsgefahr.

Das Geld wird dringend für die Verbesserung der Frischluftversorgung gebraucht. Der Stollenvortrieb gräbt schon auf DDR-Gebiet. Auf keinen Fall darf es unter Tage zu einem Unfall kommen. Zur Sicherheit führen sie ein Grubentelefon von der Bäckerei zum äußersten Punkt des Stollens.

Die Risiken für die Männer vom Vortrieb erhöhen sich von Tag zu Tag. Aus bergmännischer Sicht ist es gewagt, einen derart langen Stollen ohne Abstützung und Notausgang durch Sand zu treiben. Außerdem wächst die Gefahr, von DDR-Grenzern entdeckt zu werden. Der Tunnel ist so konzipiert, daß er aus zwölf Metern Tiefe unter der Bäckerei in Richtung DDR langsam ansteigt und nach 140 Metern Länge vor der Kellerwand des Hauses endet.

Zur Sicherheit hält jetzt ein Student auf dem Hausdach über der Bäckerei Wache und beobachtet den Grenzstreifen. Er hat Funkkontakt zum Tunneleinstieg in der Bäckerei. Würde der Student auf dem Dach etwas Verdächtiges beobachten, wie Truppenbewegungen oder anrückende Fahrzeuge, könnte er per Funk Alarm schlagen. Für diesen Fall sollen die Männer in der Bäckerei per Grubentelefon die Tunnelarbeiter zurückbeordern.

Zusätzlich wird auf dem Hausdach in Westberlin das Blaulicht montiert. Es soll, wenn der Tunnel offen ist, bei Gefahr die Freunde in Ostberlin alarmieren. Doch was passiert, wenn die Studenten im Osten von Grenzsoldaten erwartet werden? Für den Notfall wollen sie Waffen zur Selbstverteidigung mitnehmen.

Ausgeschlossen, einen Politiker um Waffen zu bitten. Die Studenten beschaffen sich also auf dem Schwarzmarkt Pistolen vom Typ Walther PPK 7,65 mm bzw. Mauser 6,35 mm.

Am 1. Oktober errechnet Reino Furrer, daß es nur noch wenige Meter bis zur Kellerwand des Hauses Strelitzer Straße 55 sind. Ein am Tunnelbau beteiligter Student aus Westdeutschland, der visafrei in die DDR einreisen darf, fährt in den Osten, um den Keller des Hauses Strelitzer Straße 55 zu inspizieren. Irgendwo unter diesem Haus muß eine Wand durchbrochen werden.

Das Haus im Osten ist bewohnt. Als der Student aus

dem Westen in den Keller geht, kommt es zu einer heiklen Situation. Eine Hausbewohnerin folgt ihm und stellt den mutmaßlichen Einbrecher zur Rede. Der Student sagt, daß er sein entlaufenes Kätzchen suche. Die freundliche Bewohnerin hilft ihm. Sie finden keine Katze. Doch der Fluchthelfer lernt alle Ecken des Kellers kennen. Als sie wieder nach oben gehen, schließt die Dame sorgsam die Kellertür ab.

Ein Zweitschlüssel muß beschafft werden. Wieder reist ein Student in den Osten. Im Haus Strelitzer Straße 55 nimmt er mit Knetmasse einen Abdruck vom Schloß der Kellertür. Erneut kommt es zu einer prekären Situation. Ein Rentner ertappt ihn. Der Student sagt, er komme von der kommunalen Wohnungsverwaltung.

Am 2. Oktober sind es laut Furrers Berechnungen noch sechs Meter bis zur Kellerwand. Höchste Vorsicht! Die Hausbewohner im Osten dürfen keine Geräusche hören. Furrer weist an, die Kellerwand nicht zu durchstoßen. Das könnte Krach machen. Er hofft, daß er auf keinen Beton trifft, sondern durch behutsames Entfernen einzelner Steine ein Loch zum Durchkriechen schaffen kann. Noch fünf Tage bis zum 15. Geburtstag der DDR. Unter den Tunnelbauern herrscht höchste Anspannung.

Der Student, der am östlichen Ende gräbt, ist bemüht, möglichst leise zu sein. Sein Kommilitone hinter ihm lädt den Abraum in den kleinen hölzernen Wagen, der nach Westen zum Entleeren gezogen wird. Sie wissen, daß sie dem Ziel sehr nahe sind.

Plötzlich rieselt dem vorderen Mann Sand auf den Kopf. Steine und Betonstücke folgen. Vorsichtig sieht er nach oben: Licht! Er fährt zusammen. Der Tunnel ist durchbrochen. In der DDR. Der erste Gedanke: Alles war umsonst. Nichts wie weg!

Doch dann bemerkt er, daß das Licht diffus ist. Wo sind sie angekommen? Der Tunnel sollte vor dem Keller enden. Aber über sich sieht er einen Raum. Behutsam legt er nachfallende Betonstücke beiseite und richtet sich langsam auf. Sein Oberkörper befindet sich in einem menschenleeren, ungenutzten Raum. Hinter ihm richtet sich sein Kommilitone aus dem Stollen auf. Beide sehen sich ängstlich um und zucken mit den Schultern.

Nacheinander steigen sie vorsichtig aus dem Tunnel und inspizieren den Raum. Sie sind im ehemaligen Toilettenhäuschen auf dem Hinterhof angekommen. Was für ein Glück! Von ihren Beobachtungen aus dem Westen kennen sie das Häuschen. Es erschien ihnen als idealer Einstiegsort in den Tunnel. Weil außerhalb des Hauptgebäudes liegend, entfällt das Risiko des Kellerdurchbruchs. Doch niemand hatte es für möglich gehalten, daß sie nach 140 Meter Vortrieb auf ein Nebengebäude mit nur 23 Quadratmeter Grundfläche treffen würden.

Sie kriechen zurück und überbringen die freudige Nachricht. Jetzt muß gehandelt werden, bevor der Tunnel auffliegt. 127 Menschen im Osten, die fliehen wollen, müssen benachrichtigt werden.

Am 3. Oktober reisen die bundesdeutschen Studenten als Kuriere nach Ostberlin. Sie informieren die DDR-Bürger, daß die Flucht beginnt. Gemäß dem von Furrer und Zobel erdachten Ablauf sollen am Abend des 3. Oktober die ersten 28 Personen geschleust werden. Damit am Tunneleinstieg kein verdächtiger Menschenauflauf entsteht, sollen die Auserwählten im Abstand von 10 Minuten erscheinen.

Das Haus Strelitzer Straße 55, auf dessen Hof sich der Tunneleinstieg befindet, liegt an einer nachts meist menschenleeren Straße. Sie endet als Sackgasse an der Mauer.

Nur 30 Meter vom Haus entfernt sitzt ein Grenzposten. Die Flüchtlinge sollen einzeln oder als Pärchen kommen. Das könnte auf eine Familienfeier hindeuten.

Jeder erhält die Anweisung: »Gehen Sie im Spazierschritt durch die Strelitzer Straße in Richtung Mauer. Ist auf dem gegenüberliegenden Haus in Westberlin kein Blaulicht zu sehen, ist der Fluchtweg frei. Blinkt ein Blaulicht, dann gehen Sie unauffällig in eine Nebenstraße und treten den Heimweg an. Im anderen Fall nicht stehenbleiben, nicht umschauen, keine Aufmerksamkeit erregen, sondern zügig zum Haus Nr. 55 gehen und es durch das breite Tor betreten!«

Die Flüchtlinge wissen nicht, wie sie nach Westberlin gelangen. Zur Begrüßung im Hausflur sollen sie das Losungswort »Tokio« sagen. Wegen der unlängst dort veranstalteten Olympischen Spiele sollte es sich jeder merken können. Für alle Flüchtlinge gilt: Keine Lampen! Schuhe ausziehen! Jeder wird von einem Helfer einzeln weggeführt. Keine Gruppen. Das gilt auch für Ehepaare. Ausnahmen bilden nur Kinder, die bei einem Elternteil bleiben dürfen.

Ab 20 Uhr wollen Furrer und Zobel die Flüchtlinge am Tunneleinstieg im Osten in Empfang nehmen. Das ist der gefährlichste Job. Sie laden ihre Pistolen und stecken sie in die Hosentaschen. Eine letzte Umarmung mit den Freunden in der Bäckerei.

Um 19.30 Uhr steigen Reinhard Furrer, Christian Zobel und zwei weitere Freunde in Westberlin in den Tunnel. Nach zehn Minuten erreichen sie den Ausstieg im Osten. Sie melden über das Grubentelefon, daß die Luft rein ist. Sie steigen aus und treten langsam aus dem Toilettenhäuschen. Zwei Studenten bleiben am Tunneleinstieg. Zobel postiert sich auf dem dunklen Hinterhof. Er will die Flüchtlinge, wenn sie den Hausflur passiert haben, zum Tunnel führen. Furrer geht in den Hausflur. Er wird die Flüchtenden in Empfang nehmen, wenn sie von der Straße kommen.

Das Haus verfügt, von der Straße aus gesehen, über eine Durchfahrt mit einem alten zweiflügligen Tor. Innerhalb des Hauses zweigt von dieser Durchfahrt ein Gang nach rechts ab, der zum Treppenhaus führt. Von diesem Gang gelangt man aber auch nach hinten zu einer kleinen Hoftür. Sowohl die kleine Hoftür als auch die breite Durchfahrt mit dem hofseitigen Tor führen zum selben Hinterhof. Hoftür und Hoftor liegen dicht nebeneinander.

Punkt 20 Uhr sind die ersten Flüchtlinge am Hauseingang: ein Ehepaar mit einem dreieinhalb Jahre alten Jungen. Furrer nimmt sie in Empfang. Sonst ist niemand auf der Straße zu sehen. Ruhe auch beim Grenzposten. Alles scheint nach Plan zu laufen. Die Familie ist vor Aufregung wie gelähmt. Die Parole haben sie vergessen. Die Schuhe ziehen sie sich auch nicht aus. Mann und Frau halten sich wie fest verschweißt an der Hand. Der Fluchthelfer wagt nicht, sie zu trennen. Das Kind darf keinen Krach machen. Furrer führt sie durchs Haus zum Hof. Dort übernimmt sie Zobel. Er geleitet sie über den finsteren Hof zum Toilettenhäuschen. Dort wartet ein Student, der sie beruhigt und in den Tunnel schiebt. Ein vierter Student sichert die Umgebung. Der kleine Junge kriecht als erster in den Tunnel, gefolgt von Mutter und Vater.

Sie robben im flachen Stollen unter ungesichertem Sand und durch Morast hindurch. 140 Meter weit geht es langsam bergab. Nach einer Viertelstunde sind sie am tiefsten Ende des Tunnels angekommen – in Westberlin. Dort warten viele Helfer, die sie mit einem Flaschenzug 12 Meter senkrecht nach oben ziehen.

Die Flüchtlinge wurden durch den zwölf Meter tiefen Schacht nach oben gezogen.

In der ehemaligen Bäckerei angekommen, nahmen die Fluchthelfer sie
in Empfang.

Geschafft! Unter Tränen liegen sich Flüchtlinge und
Fluchthelfer in den Armen. Nur der kleine Junge beschwert
sich. Er hat in der Höhle gar keine wilden Tiere gesehen,
wie seine Mutter ihm versprochen hatte.

Im 10-Minuten-Takt folgen die nächsten. Mit oder ohne
Parole, mit oder ohne Schuhe werden sie von Furrer durchs
Vorderhaus geleitet, von Zobel zum Toilettenhäuschen ge-
führt und vom nächsten Helfer in den Tunnel geschoben.
Bis Mitternacht kommen alle 28 benachrichtigten
Flüchtlinge pünktlich zum Haus in der Strelitzer Straße.
28 Menschen kriechen durch den Tunnel in die Freiheit.

Am Ende kriechen drei der vier Fluchthelfer zurück
nach Westberlin. Ein Mann verbleibt als Wache im Toilettenhäuschen. Von seinem Versteck aus beobachtet er
den Hinterhof in der Strelitzer Straße 55. Würden Grenzer oder Stasi-Leute den Hof kontrollieren, könnte er
schnell durch den Tunnel fliehen.

Auf der Westseite in der Bäckerei kann das Freuden-
fest nur leise gefeiert werden. Noch darf auch im Westen
niemand etwas vom Tunnel erfahren. In den folgenden
Nächten sollen weitere 99 Flüchtlinge geschleust werden.
Die größte Massenflucht nach dem Mauerbau ist erst zum
Teil gelungen.

Die in Westberlin Angekommenen müssen vorerst in der
Bäckerei bleiben und bekommen Proviant und Decken.
Einige erhalten bei Studenten für ein paar Tage Quartier
und verlassen in kleinen Gruppen die Bäckerei. Bis auf
Widerruf dürfen sie sich nicht bei offiziellen Stellen melden. Auch darf niemand im Überschwang freudiger Gefühle Freunde oder Verwandte anrufen.

Am 4. Oktober bleibt auf der Ostseite des Tunnels alles
ruhig. Es ist ein trüber Herbsttag. Von den Hausbewoh-
nern in der Strelitzer Straße 55 läßt sich niemand auf
dem Hof blicken. Furrer und Zobel entscheiden: In dieser Nacht sollen 29 Personen geholt werden.

Wieder reisen die Studenten über verschiedene Grenzübergänge nach Ostberlin und informieren die Flüchtlinge. Furrer und Zobel kriechen wie in der Nacht zuvor
durch den Tunnel in den Osten und postieren sich kurz
vor 20 Uhr an gewohnter Stelle. Die Studenten Hohlbein und Neumann nehmen die Position am Toilettenhäuschen ein. Furrer und Zobel stecken wieder ihre Waffen in die Tasche.

Die zweite Nacht beginnt nach Plan. Im vorgegebenen
Zeittakt erscheinen die Flüchtlinge am Haustor. In gleicher
Weise werden sie durch den Flur geleitet und über den Hof
zum Tunnel geführt. Wieder kriechen die Flüchtlinge im
Zehn-Minuten-Takt in den Westen. Reinhard Furrer, der
niemanden persönlich kennt, vertraut auf die Konspiration und schickt jeden, der zu ihm kommt, zum Einstieg.

Ohne daß Furrer oder Zobel etwas davon ahnen, kommt es in jener Nacht zu einer folgenschweren Begegnung in der Schönhauser Allee. Einer der Westberliner Fluchthelfer trifft sich um 21.30 Uhr in der Gaststätte am Bahnhof Dimitroffstraße mit einem Ostberliner Physiker. Dieser soll auch geschleust werden. Der Fluchthelfer teilt ihm mit, daß alles vorbereitet und der Weg sicher sei. Er sagt auch, daß es sich um einen Tunnel handelt, ohne jedoch die Straße zu nennen. Der Fluchtwillige müsse sich aber sofort entscheiden.

Der Physiker findet verschiedene Argumente, warum es nicht sofort geht, und will Zeit gewinnen. Die beiden trennen sich. Was der Fluchthelfer nicht weiß: Der Mann ist Spitzel der Staatssicherheit. Von der nächsten Telefonzelle aus ruft er seinen Führungsoffizier beim MfS an. Doch es ist schon 22 Uhr. Der Offizier ist nicht erreichbar. Der Spitzel läßt nicht locker. Schließlich gelingt es ihm doch, daß sein Führungsoffizier zum S-Bahnhof Schönhauser Allee kommt. Sie treffen sich um 22.50 Uhr. Der Stasi-Spitzel berichtet, daß es einen Tunnel nach Westberlin gibt. Aber er weiß nicht wo.

Die diensthabenden MfS-Offiziere holen sich Verstärkung bei den Grenztruppen und inspizieren jene Wohngebiete, die dicht an der Westgrenze liegen. Die Stasi-Männer tragen Zivilkleidung und darunter eine Pistole. Die Grenzsoldaten kommen in Uniform und sind mit Maschinenpistolen bewaffnet.

Wenige Minuten nach Mitternacht erscheinen zwei junge Männer in langen Mänteln in der Toreinfahrt der Strelitzer Straße 55. Sie leuchten mit Taschenlampen in den Hausflur, gehen zur hinteren Torausfahrt und versuchen, das verschlossene Tor zu öffnen. Furrer vermutet, es sind Flüchtlinge. Er fordert sie auf, sofort das Licht auszumachen und sich ruhig zu verhalten. Er sagt ihnen, sie sollen einzeln mit ihm kommen.

Doch einer der Männer bittet: »Unser Freund wartet an der Straßenecke. Wir wollen ihn noch holen.«

Furrer entgegnet: »Einer holt ihn. Der andere bleibt hier.« Doch die Männer wollen partout zu zweit gehen. Furrer läßt schließlich beide ziehen. Doch er ist mißtrauisch geworden. Maximal 15 Minuten will er warten.

Um 0.07 Uhr betreten mehrere Männer durch das straßenseitige Tor die Durchfahrt und leuchten wieder mit Taschenlampen. Aus seiner dunklen Ecke, die zur seitlichen Hoftür führt, kann Furrer nicht genau erkennen, ob es drei oder vier Personen sind. Furrer fordert die Männer auf, sofort das Licht auszuschalten.

Christian Zobel, auf dem dunklen Hof stehend, erfaßt die Situation durch einen Spalt im Hoftor. In der schwach erleuchteten Durchfahrt sieht er, daß einer der Männer einen metallischen Gegenstand umhängen hat. Zunächst vermutet er einen Fotoapparat.

Als der Lichtkegel auf den letzten der vier Männer fällt, erstarrt Zobel vor Schreck: ein DDR-Grenzer in Uniform mit umgehängter Kalaschnikow. Jetzt erkennt er, daß auch der Mann davor eine MPi umhängen hat.

Gerade will er seinen Freund Furrer warnen, da hört er schon eine scharfe Stimme: »Sie kommen mit!« und »Durchladen!« Dann das metallische Geräusch vom Laden der Waffen. Was danach folgt, spielt sich in Sekunden ab:

Zobel, noch unentdeckt auf dem dunklen Hof, zieht seine Walther PPK 7,65 und gibt einen Warnschuß ab. Die Studenten Hohlbein und Neumann am Toilettenhäuschen retten sich in den Tunnel.

Der im Hausflur stehende Furrer nutzt den Moment

Der Hinterhof in der Strelitzer Straße 55 in Ostberlin. Im Toilettenhäuschen im Vordergrund befand sich der Einstieg in den Fluchttunnel.

der Verunsicherung. Obwohl die MPis von zwei Grenzern auf ihn gerichtet sind, geht er rückwärts in Richtung Hoftür. Plötzlich spürt er im Rücken einen kalten
Luftzug. Die Tür hinter ihm ist offen. Mit einem Satz
springt er zur Seite und sprintet zum Tunnel.

Ein Stasi-Mann in Zivil und ein Grenzer setzen ihm
nach und treten durch die Hoftür auf den dunklen Hof.
Der zweite Grenzer bleibt in der Tür stehen. Niemand
von ihnen weiß, wohin Fluchthelfer Furrer verschwunden
ist. Auch wissen sie nicht, woher geschossen wurde.

Nur wenige Schritte links von ihnen steht im Schutz
der Dunkelheit Fluchthelfer Zobel mit der Waffe in der
Hand. Er befindet sich in auswegloser Position. Um den
rettenden Tunneleinstieg zu erreichen, muß er an den
Grenzern vor der Hoftür vorbei. Zobel feuert aus seiner
Pistole in Richtung Hoftür und rennt im Halbkreis an
den Grenzern vorbei zum Tunnel.

Der vordere Grenzer bricht zusammen. Ein Stasi-Mann befiehlt: »Feuer!« Der hinter ihm stehende Grenzsoldat geht wenige Schritte zurück in den Hausflur und feuert mit der MPi durch die Tür ins Dunkle.

Nach diesen dramatischen Sekunden herrscht wieder Ruhe auf dem Hinterhof Strelitzer Straße 55. Der Posten auf dem Dach der Bäckerei in Westberlin hat die Schießerei gehört. Doch sein Funkspruch kommt zu spät. Der Tunnel ist aufgeflogen.

Panische Angst in der Bäckerei in Westberlin. Keiner weiß, was geschah. Nach knapp zehn Minuten kommen keuchend Hohlbein und Neumann durch den Tunnel gekrochen. Doch sie wissen auch nichts. Beide waren schon weg, als es richtig losging.

Sekunden später großes Freudengeschrei: Furrer und Zobel kommen schweißgebadet angekrochen. Alle sind unverletzt. Sie liegen sich in den Armen, die Anspannung fällt von ihnen. Es fließen Tränen. Zwar ist der Tunnel aufgeflogen, aber 57 Menschen haben sie in die Freiheit geholt – die größte Massenflucht nach dem Mauerbau.

Die Freude hält nur eine kurze Nacht lang. Am Vormittag des 5. Oktober melden die Ostberliner Medien, daß in der vergangenen Nacht der Unteroffizier der DDR-Grenztruppen, Egon Schultz, von Westberliner Terroristen kaltblütig ermordet wurde.

Reinhard Furrer, Christian Zobel und die anderen versuchen zu rekonstruieren, was sich auf dem Hof abgespielt hat. Zobel hatte als einziger der Fluchthelfer geschossen. Doch er feuerte im Rennen und, ohne zu zielen, aus einer Pistole. Nahezu unwahrscheinlich, jemanden unter diesen Umständen zu töten. Doch der DDR-Grenzer Egon Schultz ist tot.

An der Durchgangstür zum Hinterhof wurde der Grenzer Egon Schultz von mehreren Kugeln getroffen. Das Bild zeigt die Rekonstruktion des Tathergangs durch die Stasi.

Die Fluchthelfer stellen sich der Westberliner Polizei. Die Westberliner Staatsanwaltschaft ermittelt wegen Tötung in Notwehr. Sie bittet die DDR-Staatsanwaltschaft um einen detaillierten Untersuchungs- sowie um den Obduktionsbericht. Doch die SED-Justiz verweigert die Herausgabe der Unterlagen. Statt dessen fordert die DDR die Auslieferung der Mörder, begleitet von propagandistischen Paukenschlägen.

Unteroffizier Egon Schultz wird in der DDR zum Helden aufgebaut. Er erhält ein Staatsbegräbnis. Kasernen, Schulen, Straßen und sogar ein FDJ-Ferienhotel werden nach ihm benannt.

Weil die DDR weder Obduktionsbericht noch weitere Unterlagen zur Einsicht herausgibt, stellt die Westberliner Staatsanwaltschaft die Ermittlungen ein. Christian

Zobel lebt jedoch mit der Gewißheit, einen Menschen getötet zu haben. Ohne abschließende Untersuchung oder gerichtliches Urteil bekennt er öffentlich: »Ich habe Egon Schultz erschossen.«

Christian Zobel setzt sein Medizinstudium fort und wird Arzt. Reinhard Furrer beendet sein Physikstudium und fliegt als Astronaut mit der Raumfähre Challanger am 30. Oktober 1985 ins All. Er kommt am 9. September 1995 bei einem Flugzeugabsturz ums Leben. Wolfgang Fuchs erwirbt mehrere Drogerien und arbeitet noch einige Jahre erfolgreich als Fluchthelfer. Wolfgang Kockrow findet einen Job im Management der Lufthansa.

Mitte der 80er Jahre stirbt der Arzt Christian Zobel. Bis zu seinem Lebensende hatte es ihn seelisch belastet, einen Menschen getötet zu haben.

Nach der Wiedervereinigung sind die Todesschüsse an der Mauer wieder ein Fall für die deutsche Justiz. Auch der tragische Tod des DDR-Grenzers Egon Schultz ist Gegenstand der Ermittlungen. Von 1990 bis 1994 versucht sich die Berliner Staatsanwaltschaft ein Bild von den Ereignissen in der Nacht zum 5. Oktober 1964 zu machen.

Eine Justizsprecherin gibt der Öffentlichkeit am 26. August 1994 bekannt: Egon Schultz wurde aus der Pistole des Fluchthelfers einmal getroffen. Dieser Schuß war aber nicht tödlich. Zum Tode führten Einschüsse, die aus einer Maschinenpistole abgegeben worden waren. Diese Aussagen basieren auf Vernehmungen von Beschuldigten und Zeugen sowie Bekundungen eines Sachverständigen.

Die Berliner Staatsanwaltschaft muß jedoch einräumen, daß sie keinen Obduktionsbericht gefunden hat. Die wichtigsten Unterlagen über den Tod von Egon Schultz seien verschwunden.

Die der PDS nahestehende Presse griff diese Erklärung scharf an und warf der Staatsanwaltschaft ungenaue Recherche vor. Angeblich fehlten eindeutige Beweise für derartige Behauptungen. Schließlich bemühen sich einige Kreise, die Version des kaltblütigen Mordes an dem Genossen Schultz durch Westberliner Fluchthelfer aufrechtzuerhalten.

Bei den Recherchen zu diesem Buch gelang es im Frühjahr 2000, in enger Zusammenarbeit mit dem Bundesbeauftragten für die Unterlagen der Staatssicherheit der ehemaligen DDR in Berlin und dem Dokumentationszentrum Berliner Mauer, bisher unbekannte Dokumente des MfS zum Fall Egon Schultz zu erschließen. Selbst der von der Staatsanwaltschaft verloren geglaubte Obduktionsbericht kam ans Tageslicht. Danach ergibt sich folgendes Bild:

Der Fluchthelfer Christian Zobel, der sich wenige Meter links von der Hoftür in einer Hausecke versteckt hielt, eröffnete das Feuer, während er aus seinem Versteck zum Tunneleinstieg rannte. Er schoß in Panik auf die in der Hoftür erschienenen Personen.

Dort waren ein MfS-Hauptmann und hinter ihm der NVA-Unteroffizier Egon Schultz wenige Schritte aus der Hoftür getreten. Als der Hauptmann die Pistolenschüsse vernahm, sprang er in die Türnische zurück und suchte Deckung. Währenddessen wurde der noch vor der Tür stehende Egon Schultz von einem Pistolenschuß von vorn an der linken Schulter getroffen und brach zusammen.

Der Hauptmann befahl dem rechts hinter ihm stehenden NVA-Soldaten zurückzufeuern. Der Soldat trat zur Deckung einige Schritte in den Hausflur zurück und schoß aus seiner umgehängten Kalaschnikow aus der Hüfte und, ohne ein Ziel zu erkennen, blind auf den dunklen Hof. Laut Untersuchungen des MfS feuerte er dabei genau in jene Richtung, in der der verletzte Unteroffizier Egon Schultz lag. Der Soldat gab neun Schüsse aus seiner MPi ab. Weitere Schüsse wurden nicht abgegeben – weder von Fluchthelfern noch von Angehörigen der NVA oder des MfS.

Egon Schultz verstarb am Tatort. Die erste Obduktion des Leichnams am selben Tag ergab, daß er insgesamt zehn Schußverletzungen hatte. Die Morduntersuchungs-kommission Berlin, die im Auftrag des MfS den Tatort in Augenschein nahm, Spuren sicherte, ballistische Un-tersuchungen durchführte und sogar den Tathergang nach-stellte, legte am 9. Oktober 1964 ein Gutachten vor, das der Staatsführung überhaupt nicht ins Konzept paßte:

Demnach hatte der Westberliner Fluchthelfer aus einer Pistole Walther PPK 7,65 insgesamt sieben Schuß abge-feuert. Die Schüsse schlugen in umliegende Gebäude ein – mit Ausnahme der vierten Kugel. Diese traf Egon Schultz von vorn an der linken Schulter und brachte ihn zu Fall. Das Projektil wurde bei der Obduktion in der Rückenmuskulatur sichergestellt. Der Fluchthelfer hatte also, laut Bericht der Morduntersuchungskommission, nur einmal getroffen und sechsmal sein Ziel verfehlt.

Aber der tote Unteroffizier wies zehn Schußverletzun-gen auf. Aus wessen Waffe wurden die anderen neun Schüsse abgefeuert?

Das MfS ging dieser Frage zunächst nicht nach, sondern versuchte, an der einen nachweislichen Schußverletzung durch eine Westberliner Waffe die Legende vom kaltblü-tigen Mord aufzubauen. Die DDR-Staatsführung legte dem international anerkannten Gerichtsmediziner Prof. Prokop die Frage vor, ob die eine Schußverletzung aus der

Foto der Uniformjacke von Schultz aus dem Bericht der Staatssicherheit. Der Verlauf der Schußspuren läßt darauf schließen, daß der Grenzer bereits am Boden lag, als ihn das tödliche Projektil traf.

Die am 5. 1o. 1964 durchgeführte Obduktion der Leiche des
Genossen

       Unteroffizier   S c h m i t z , Egon
                       geb. am 1o. 1943
                       zuletzt Angehöriger der NVA-Grenze,
                       Regiment 33, 1. Kompanie, 3. Zug
                       wohnhaft gewesen: ███████ █

im Gerichtsmedizinischen Institut der Humboldt-Universität
zu Berlin ergab entsprechend dem vorläufigen Gutachten als
unmittelbare Todesursache - Tod durch Verbluten in das Kör-
perinnere infolge Zerstörung eines größeren Brustabschnit-
tes der Körperschlagader -.
Als mittelbare Todesursache werden die Schußverletzungen
außerhalb des Nahschußbereiches (Nahschußbereich endet ab
25 cm vom Körper) bestimmt.

                                         - 1o -

....kizze).
Außer dem vom Täter abgegebenen Stecksohuß verlaufen die bereits angeführten sieben Ein- und sechs Ausschüsse sowie die
zwei Streifschüsse in Körperlängsrichtung von oben nach unten. Hierbei hat der auf der Skizze (Darstellung B) unter
B 1 eingezeichnete Schußverlauf die Spitze des Brustraumes
tangential aufgepflügt, zu einer Blutung von 1ooo ml Blut
in den linken Brustraum geführt, das Zwerchfell, den Kopf
der Bauchspeicheldrüse und die Dünndarmschlingen verletzt
und ist an der Grenze der Schambehaarung ausgetreten - Darstellung A, Ziffer A 1 (siehe Ein- und Ausschußskizze).
Das in der Unterhose des Geschädigten gefundene Projektil
hat, wie die Sektion ergab, die vorher beschriebenen Ver-
letzungen verursacht und wurde aus der MPi "Kalaschnikow"
abgefeuert.

                                       - 11 -

Der Bericht des Gerichtsmedizinischen Instituts der Humboldt-Universität zu Berlin legt nahe, daß der todbringende Schuß aus einer Kalaschnikow abgefeuert wurde.

Pistole Walther PPK 7,65, wenn man sie allein betrachtet, als tödlich anzusehen ist. Der Mediziner konnte in seiner Antwort vom 9. Oktober 1964 aber lediglich bestätigen, daß es sich um eine gefährliche Körperverletzung handelte, deren Ausgang ungewiß sei.

Eine derartige Aussage war der DDR-Führung zu dürftig, um damit eine Anklage wegen Mordes bei der Westberliner Staatsanwaltschaft zu erwirken. Denn jeder Jurist würde sofort nachfragen: Wo kommen die anderen neun Schußverletzungen her, und haben möglicherweise diese den sofortigen Tod herbeigeführt?

Die Akten des MfS, vor allem der Obduktionsbericht und der geheime »Untersuchungsvorgang 3901/64«, blieben unter Verschluß. Denn darin standen Fakten, die niemand erfahren sollte:

Die anderen neun Schußverletzungen verliefen parallel in Körperlängsrichtung von oben nach unten. Die Schüsse sind demnach ganz schnell hintereinander und aus etwa derselben Position auf den bereits liegenden Egon Schultz abgefeuert worden. Davon besonders folgenschwer war der Einschuß »E 1« auf der Rückenseite der linken Schulter.

101

Dieses Geschoß hat die Aorta des Brustraumes tangential aufgepflügt, was zu einer Blutung von 1000 Millilitern Blut in den linken Brustraum führte. Dasselbe Geschoß durchschlug weiterhin das Zwerchfell, die Bauchspeicheldrüse und die Dünndarmschlingen und trat oberhalb der Schambehaarung wieder aus. Dieses Geschoß führte zum sofortigen Tod. Das Projektil, Kaliber 7,62, wurde in der Unterhose des Toten gefunden. Es stammt aus einer Maschinenpistole Kalaschnikow.

Im »Untersuchungsvorgang 3901/64« des MfS stehen noch weitere unangenehme Details: Der vom Pistolenschuß verletzte Unteroffizier Schultz lag unmittelbar vor der Hoftür auf dem Rücken, dabei mit Kopf und Schultern in Richtung Tür. Der Soldat gab über den Verletzten hinweg einen Feuerstoß aus seiner MPi ab. Dabei verletzte er den am Boden Liegenden mit vier Schüssen im Brustbereich. Der so schwer getroffene Unteroffizier drehte sich aus eigener Kraft um und legte sich auf den Bauch. Der Soldat feuerte weiter blind ins Dunkle und traf Schultz in den Rücken. Nach neun Treffern aus einer Kalaschnikow gab es für den Unteroffizier Egon Schultz keine Rettung mehr.

Die Erfindung des Aqua-Scooters

Bernd Böttger, Jahrgang 1940, aus Sebnitz bei Dresden gerät nach dem Bau der Mauer mit dem SED-Regime in Konflikt. Sein Freiheitsdrang und sein individueller Lebensstil passen nicht zum vorgefertigten Menschenbild von FDJ und Partei. Auf der Ingenieurschule Magdeburg vertritt er offen und ungeschminkt seine kritische Meinung zum Staat. Er wird darum 1962 im 5. Semester exmatrikuliert. Bernd Böttger nimmt danach verschiedene Jobs an. Doch nirgends hält es ihn lange.

Von 1966 an werkelt er dann fast nur noch in seiner Kellerwerkstatt in Sebnitz. Er repariert alte Autos, experimentiert mit Fiberglas und baut einen motorgetriebenen Rodelschlitten. Alle seine Überlegungen und Versuche zielen bereits darauf ab, dem Käfig DDR irgendwie zu entkommen.

Bernd Böttger besucht eine Sportgruppe, in der er die Grundlagen des Tauchens lernt, und legt auch eine Prüfung als Rettungsschwimmer ab. Er trainiert eisern, kann sich bald hervorragend im und unter Wasser fortbewegen. Durch diese Erfolge angespornt, entscheidet er sich, über die Ostsee zu fliehen. Aber er ist sich nicht sicher, ob er genug Ausdauer hat, um den weiten Weg über die offene See zu schwimmen. Er sucht nach einem technischen Hilfsmittel für die Flucht übers Meer.

In Böttgers Kellerwerkstatt wird der Plan in die Tat umgesetzt: Er entwickelt ein Miniatur-U-Boot, das so stark sein soll, daß er sich hinten anhängen kann. Dabei muß es genug Energie aufnehmen können, um ihn von der DDR-Küste bis nach Dänemark zu ziehen. Zugleich soll der Apparat klein und unauffällig zu transportieren sein und ihm notfalls im aufgetauchten Zustand auch als Schwimmhilfe dienen.

Herzstück seiner Erfindung ist ein kleiner, leistungsstarker Verbrennungsmotor. Dieser soll sowohl über Wasser als auch auf Tauchfahrt zuverlässig arbeiten. Dazu besorgt er sich einen MAW-Motor, einen Zweitakter der Magdeburger Armaturen-Werke aus den 50er Jahren, der als Hilfsmotor für Fahrräder genutzt wird.

Auf die Kurbelwelle dieser Maschine setzt er ohne Getriebe eine selbstgebaute Schiffsschraube. Mit Glasfasermatten und Polyesterharz dichtet er den Motor ab. Als Tank baut er einen 40 Zentimeter langen, torpedoähnlichen Fiberglasbehälter und verbindet ihn mit dem Motor. Die Luftzufuhr für den Vergaser erfolgt durch einen langen Schnorchel, den er durch den Tank führt. Am Motorgehäuse montiert er einen Stahlbügel, an dem er sich festhalten kann. Dorthin führt er den Bowdenzug zur Steuerung der Maschine.

Zu Beginn des Sommers 1966 testet Böttger sein Mini-U-Boot an der Ostsee vor Mukran auf Rügen. In aller Öffentlichkeit schwimmt er damit durch die See, läßt fremde Badegäste das Gerät ausprobieren. Es ist ein Spaß für alle Strandbesucher. Niemand schöpft Verdacht. Seiner Erfindung gibt er den Namen Aqua-Scooter.

Den Rest des Sommers verbringt Bernd Böttger als Rettungsschwimmer in Boltenhagen an der Ostsee. Ende des Jahres schickt ihm eine Verwandte aus der Bundesrepublik einen Kälteschutzanzug. Mit diesem kostbaren Besitz ist seine Ausrüstung nun komplett.

1967 schockiert Böttger Freunde und Verwandte mit einer plötzlichen Kehrtwendung: Der einst Abtrünnige engagiert sich in der FDJ und geht im Blauhemd zu Versammlungen. Die Freunde verstehen ihn nicht mehr. Manche wenden sich von ihm ab. Ist er wirklich zur anderen Seite übergewechselt?

Am 28. Juni 1967 packt Bernd Böttger Kälteschutzanzug, Schnorchel, Brille, Flossen und Aqua-Scooter sowie die Zeltausrüstung in seinen alten Opel. Er fährt zum Zeltplatz an der Wohlenberger Wiek bei Wismar. Dort testet er erneut den Scooter und beobachtet die Bewachung der Seegrenze.

Bernd Böttger sagt sich: Allein für Fluchtgedanken kann mich doch keiner einsperren. Er plaudert locker mit den Grenzern über bestehende Sicherungsanlagen. Mit einigen Einwohnern aus den umliegenden Grenzdörfern erörtert er verschiedene Möglichkeiten zur Flucht. Vor allem versucht er herauszubekommen, ob man beim Tauchen vom Radar geortet werden kann.

Am Abend des 7. Juli 1967 fährt Bernd Böttger mit dem Bus an die Steilküste bei Boltenhagen. Es ist 23.00 Uhr, als er an den Strand gehen will, um das Grenzkontrollsystem zu erkunden. Ihn interessieren die Positionen der Wachboote, der Rhythmus, in dem die Scheinwerfer Strand und Meer in helles Licht tauchen, sowie die Postengänge.

Böttger ahnt nicht, daß er selbst schon seit Tagen beobachtet wird. Seine allzu offen gestellten Fragen zur Grenzsicherung sind den zivilen Spitzeln der Staatssicherheit zugetragen worden. Er will gerade über die Düne an den Strand gehen, da springen plötzlich vor ihm zwei Soldaten aus den Büschen. Die Grenzer richten ihre Maschinenpistolen auf Böttger:

Bernd Böttger ließ sich von seinem Aqua-Scooter einen halben Meter
unter der Wasseroberfläche durch die Ostsee ziehen.

»Stehenbleiben! Sie sind festgenommen!«

In Böttgers Zelt finden sich die Tauchutensilien und
das selbstgebaute Mini-U-Boot. Die Staatssicherheit hat
ein leichtes Spiel. Nach knapp dreimonatiger Untersuchungshaft im Stasi-Gefängnis in Dresden wird Bernd
Böttger vom Kreisgericht Dresden verurteilt: »Der An-
geklagte wird wegen Vorbereitung zum illegalen Verlassen
der DDR gem. § 8 Absatz 1 und 3 des Paßgesetzes in An-
wendung des § 1 des StGB zu acht Monaten Gefängnis
unter Festsetzung einer Bewährungszeit von zwei Jahren
verurteilt.«

Das Strafmaß ist verhältnismäßig milde. In der Urteils-
begründung heißt es: »Ein versuchter Grenzdurchbruch
konnte dem Angeklagten nicht bewiesen werden. (...) Die
bisher vollzogene Untersuchungshaft hat einen gewissen
Erziehungserfolg bereits erreicht.«

Der Aqua-Scooter wird »zugunsten des Staates« eingezogen, »weil dieser Gegenstand zum Zwecke der Durchführung einer Straftat gebaut wurde und nicht für die Tätigkeit als Bademeister oder Rettungsschwimmer von Bedeutung ist. Bei den anderen Teilen der Tauchausrüstung ist dies jedoch der Fall, so daß die weiteren beschlagnahmten Gegenstände« zurückgegeben werden.

Mit der Einziehung des Fluchtapparates meinen die Genossen des MfS, dem potentiellen Straftäter sein Werkzeug genommen zu haben. Doch schon im Gefängnis hat Bernd Böttger nur einen Gedanken: Jetzt erst recht! Im Kopf entwickelt er bereits die Baupläne für einen neuen und besseren Aqua-Scooter.

Im März 1968 wird Bernd Böttger entlassen. Er hat aus der Vergangenheit gelernt. Er traut niemandem mehr, außer sich selbst. Kein Bekannter erfährt auch nur andeutungsweise, was er vorhat. Er beobachtet auch nie wieder die Bewachung an der Grenze. Was er bis heute weiß, reicht zur Flucht. Jetzt muß nur schnell ein neues Mini-U-Boot gebaut werden.

Schon einen Tag nach der Haftentlassung werkelt er wieder in seiner Sebnitzer Kellerwerkstatt. Die erneute Beschaffung von Bauteilen, vor allem eines MAW-Motors, ist schwierig und zeitaufwendig. Er muß jemanden ausfindig machen, der noch so einen alten Fahrradmotor besitzt, und ihm diesen dann abkaufen. Bernd Böttger darf danach auch nicht in der unmittelbaren Umgebung suchen. Das würde sofort Verdacht erregen.

Schließlich findet er auf dem Lande eine solche Antriebsmaschine. Den neuen Scooter baut er in verbesserter Ausführung. Er will jetzt auch vermeiden, daß ihn die lauten Motorengeräusche verraten. Er optimiert darum den Schalldämpfer und verstärkt die Dämmung des Motorblocks. Außerdem verändert er den Auspuff. Damit ihn künftig nicht mehr dicke Abgasblasen an der Wasseroberfläche verraten, führt er den Auspuff durch den Schnorchel des Scooters zurück an die Oberfläche. Frischluft und Auspuffgase werden also durch dasselbe Rohr geleitet.

Am 8. September 1968 verstaut Böttger Tauchausrüstung und Aqua-Scooter im PKW und fährt an die See nach Graal-Müritz. Von dort sind es 45 Kilometer bis nach Gedser in Dänemark. Am späten Nachmittag erreicht er den Zeltplatz, meldet sich ordnungsgemäß beim Platzwart an und baut sein Zelt auf. Die Ausrüstung läßt er sicherheitshalber im Auto.

Kurz nach 22.00 Uhr zieht Bernd Böttger seinen Neopren-Anzug an. Ein zusätzlicher Pullover darunter soll ihn vor der Kälte schützen. Er nimmt den etwa zehn Kilogramm schweren Aqua-Scooter unter den Arm und schleicht sich zum Wasser. Der Himmel ist sternenklar, Musik aus den Kofferradios der Camper dringt zu ihm.

Um 22.30 Uhr steht er mit seiner Ausrüstung am Strand. Der hohe Seegang beunruhigt ihn. Doch es gibt kein Zurück. Im Grunde hat er fünf Jahre lang auf diese Nacht gewartet. Bernd Böttger zieht Flossen an und setzt Schnorchel und Brille auf. Langsam watet er in die kalte See. Er steht schon bis zu den Hüften im Wasser, als er eine Stimme hört: »Du gucke ma, da jeht bei dor Gälte noch enor schwimm.« Bernd Böttger wirft durch Drehen des Propellers den Motor an, streckt seine Arme aus und läßt sich in die Fluten gleiten. Einen halben Meter unter der Wasseroberfläche zieht ihn sein Mini-U-Boot hinaus aufs Meer.

Von Zeit zu Zeit taucht er auf, schaut sich nach möglichen Verfolgern um und orientiert sich wie die alten

Seefahrer an den Sternen. Zu Hause hatte er ausgerechnet, daß er auf das Sternbild des »Großen Wagen« zusteuern muß. Der Scooter läuft genial. Mit durchschnittlich fünf Kilometern in der Stunde nähert sich Böttger seinem Ziel.

Gegen Mitternacht hört er plötzlich Motorengeräusche, die schnell lauter werden. Unbändige Angst, doch noch erwischt zu werden, überfällt ihn. Die Angst verursacht heftige Magen- und Darmkoliken. Er fühlt seine Kräfte nachlassen und muß auftauchen. Entsetzt sieht er die schwarzen Umrisse eines auf ihn zufahrenden Küstenwachbootes. Er zwingt sich dazu, mehrmals ruhig und tief durchzuatmen.

Das Patrouillenboot kommt näher. Er taucht wieder ab, schaltet den Motor aus und schwimmt unter Wasser langsam weiter. Das Wachboot fährt in wenigen Metern Abstand an ihm vorbei. Lange wagt er nicht, wieder aufzutauchen. Das Motorengeräusch wird leiser und verliert sich schließlich ganz. Mit dem Schwinden der Angst kehren allmählich seine Kräfte zurück. Jetzt erst startet er den Motor. Er ist wieder allein.

Plötzlich springt ein schwarzer Schatten vor ihm aus dem Wasser. Bernd Böttger zuckt erschrocken zusammen. Es ist ein großer Dorsch, sein Wegbegleiter auf den nächsten Seemeilen.

Weiter brummt der Scooter durch die See. Als Bernd Böttger wieder einmal zur Orientierung auftaucht, sieht er am Horizont Licht. Ist es schon Dänemark oder das dänische Feuerschiff »Gedser Rev«, das zwischen Rostock und Gedser auf fester Position liegt? Er wagte nicht zu glauben, daß er mitten auf See das ankernde Feuerschiff treffen könnte. Dort wäre er genauso sicher wie in Dänemark.

Wenige Minuten später erkennt er, daß das Licht von einem Schiff kommt. Es ist die »Gedser Rev«. Genau um 4.00 Uhr erreicht er das dänische Feuerschiff. Am Heck liest er mit Freude den Namen ihres Heimathafens: Kopenhagen.

Laut schreit Bernd Böttger ein »Hallo« durch den frühen Morgen. Sofort heult die Alarmglocke, Scheinwerfer leuchten auf und blenden den Schwimmer. Eine Strickleiter wird herabgelassen. Aus eigener Kraft klettert Bernd Böttger an Bord und hält seinen Aqua-Scooter im Arm.

Zwei Tage später, nach seiner Einreise in die Bundesrepublik, bewundern westdeutsche Grenzschützer und Zöllner das geniale Fluchtgerät. Bernd Böttger wird schnell ein bekannter Mann. Sein Fall geht durch die Presse, in- und ausländische Firmen interessieren sich für das Mini-U-Boot und seinen Erfinder und wollen das Gerät in Serie herstellen. Böttger entscheidet sich für das Angebot der ILO-Motorenwerke bei Hamburg. Dort entwickelt er seinen Aqua-Scooter bis zur Serienreife.

In kurzer Zeit wird das Miniatur-U-Boot bekannt und findet reißenden Absatz. Nicht nur Sporttaucher, sondern auch Kampfschwimmer verschiedener NATO-Armeen nutzen die Erfindung. Schließlich sieht man Böttgers Scooter sogar in James-Bond-Filmen auftauchen. Erfolge, die auch dem Ministerium für Staatssicherheit nicht entgehen.

Selbst im Westen scheint Böttger nicht ganz vor dem langen Arm des MfS sicher zu sein. Stasi-Offiziere bedrängen die in Sebnitz lebende Mutter und wollen wissen, wo Bernd in der Bundesrepublik lebt. Sie berichtet ihrem Sohn in Briefen davon. Aus Sicherheitsgründen

Bernd Böttger nach geglückter Flucht mit seinem Aqua-Scooter. Die Luftzufuhr für den Benzinmotor erfolgte durch einen langen Schnorchel, der durch den torpedoförmigen Tank geführt wurde.

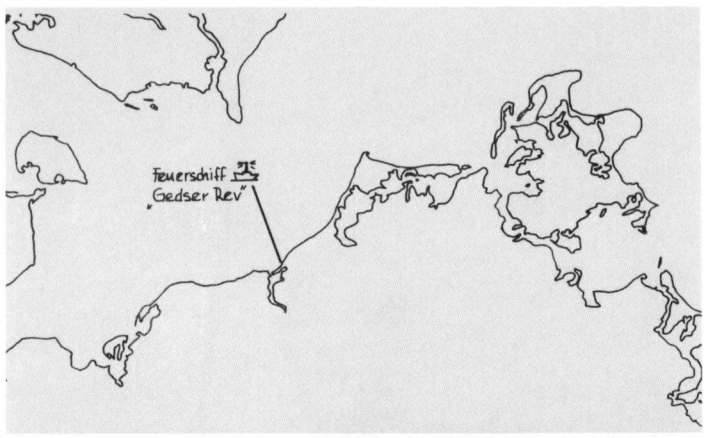

Auf halbem Weg zwischen Graal-Müritz an der Ostseeküste der DDR und Dänemark traf Böttger auf das Feuerschiff »Gedser Rev« und war gerettet (oben). Der Aqua-Scooter in einer Werbeanzeige (unten). Das Fluchtgerät wurde von einer Hamburger Firma bis zur Serienreife entwickelt und erfolgreich an Sporttaucher und Militärs verkauft.

wird die Korrespondenz teilweise über Dritte abgewikkelt. Die Mutter fürchtet um das Leben ihres Sohnes. Doch Bernd Böttger sieht keine Gefahr und versucht, sie zu beruhigen.

Er arbeitet unterdessen an der Fortentwicklung seines Tauchapparates. Für eine Testreihe mit neuen Prototypen reist er im August 1972 an die spanische Mittelmeerküste, unweit der französischen Grenze. In dem kleinen Ort Cala Jonculs in der Nähe von Rosas probiert er seine Tauchapparate aus. Die DDR und die Stasi sind gedanklich und geographisch weit entfernt. Bernd Böttger fühlt sich sicher und ist glücklich.

Bei diesem Spanienaufenthalt lernt er viele Leute kennen, darunter ein französisches Ehepaar aus dem Ort Perpignan, gleich hinter der Grenze. Am Samstag, dem 26. August 1972, laden ihn seine neuen Freunde zu sich auf eine Motoryacht ein. Sie fahren in eine einsame Bucht zwischen Cala Jonculs und der französischen Grenze, die vom Land aus nicht einsehbar ist, und ankern dort über Nacht.

Am nächsten Morgen, dem 27. August, einem Sonntag, geht Böttger schon früh tauchen. Der neue Freund aus Frankreich folgt ihm. Eine halbe Stunde später erscheint der Freund an der Wasseroberfläche und schreit um Hilfe. Bernd Böttgers Körper treibt leblos im Wasser.

Obwohl der plötzliche Tod allen rätselhaft ist, findet die örtliche Polizei keine Anzeichen von Gewalteinwirkung. »Bernd Böttger ist vermutlich beim Ausprobieren von Tauchapparaten ertrunken«, heißt es im offiziellen Untersuchungsbericht der spanischen Behörden.

Nach dem Fall der Mauer versucht Bernd Böttgers Bruder Achim, den mysteriösen Todesfall aufzuklären. Am

16. November 1992 erhält er von den spanischen Behörden den kompletten Polizei- und Autopsiebericht. Darin ist von »Tod durch Ersticken«, nicht »Ertrinken« die Rede. Achim Böttgers Verdacht, daß die Stasi ihre Hände im Spiel hatte, erhärtet sich. Am 8. März 1993 stellt er beim Polizeipräsidium Berlin Anzeige wegen Mordverdachts gegen Unbekannt. Am 30. März 1993 erfährt er in einem Zwischenbescheid der ZERV, der Zentralen Ermittlungsstelle für Regierungs- und Vereinigungskriminalität, daß bei Bernd Böttger ein Auftragsmord durch die Stasi nicht unwahrscheinlich sei. Achim Böttger hofft, nun doch noch etwas über das geheimnisvolle Ende seines Bruder zu erfahren, die Ernüchterung folgt jedoch bald. Zweieinhalb Jahre später, am 2. Oktober 1995, teilt ihm die Staatsanwaltschaft Berlin mit, daß sie das Verfahren wegen nicht ausreichender Beweise eingestellt habe. Der mysteriöse Tod des Erfinders Bernd Böttger bleibt also bis heute ungeklärt.

Ikarus aus Mecklenburg

Die Morgensonne bricht durch einen nebligen Schleier. Samstag um 7 Uhr ist es noch still in Gadebusch bei Schwerin. Wir schreiben den 25. August 1973. Der 23jährige Jürgen Glaser verläßt morgens seine Neubauwohnung. Er geht auf die Straße, sieht zum Himmel und sagt zu sich: »Das wird ein herrlicher Sommertag – wenn ich nur fliegen könnte.«

Doch Jürgen kann nicht fliegen. Zwar arbeitet er seit einem halben Jahr auf einer Flugpiste für Agrarmaschinen in Mecklenburg. Aber er ist kein Pilot und hat noch nie mit dem Steuerknüppel eine Maschine nach oben gezogen. Von Aerodynamik und der Kunst des Fliegens hat er keine Ahnung. Als gelernter Autoschlosser bekam er eine Arbeit als Mechaniker bei der DDR-Fluggesellschaft INTERFLUG. Zum Bodenpersonal gehörend, sieht er die Flieger immer nur von unten. Nie hat er bei einem Start im Cockpit sitzen und dem Piloten zusehen dürfen. Er ist noch nicht einmal als Fluggast in einer Passagiermaschine geflogen. Fliegen blieb für ihn ein Traum.

In den Genuß einer Pilotenausbildung kamen in der DDR nur politisch zuverlässige, geradlinige SED-Genossen. Und selbst wenn sie die Pilotenausbildung erfolgreich absolviert und sich dabei nichts hatten zuschulden kommen lassen, durften sie immer noch nicht fliegen. Dazu brauchten sie eine Flugerlaubnis, die der Pilot vom Arbeitgeber, der immer der Staat war, erhielt – oder auch nicht. Wegen des hohen Fluchtrisikos wurden alle angehenden Piloten von der Stasi mit konspirativen Mitteln observiert.

Jürgen Glasers Job war es, ein kleines tschechisches Agrarflugzeug vom Typ ZLIN 37 zu warten, zu betanken und zu reinigen. Auch den Dünger oder die DDT-Insektizide, die auf die Felder gesprüht wurden, mußte er in den Flugzeugtank füllen. Aus Angst um seine Arbeitsstelle und vor der Staatssicherheit hat er es nie gewagt, den Genossen Piloten zu fragen, wie man startet oder landet. Das wäre sofort verdächtig gewesen.

Doch vor wenigen Tagen hat er unbemerkt das Flughandbuch aus dem Spind des Piloten entwendet. Da steht auf 200 Seiten geschrieben, wie man den tschechischen Düngerstreuer ZLIN 37 fliegt. Zweimal zwei Stunden lang lernte er die wichtigsten Handgriffe auswendig.

Jürgen Glaser geht an diesem Tag in den Keller und kramt in seiner Werkzeugkiste. Sein Motorrad, eine uralte, klapprige MZ, muß er wieder zum Laufen bringen. Er haßt es, am Wochenende an der schrottreifen Maschine herumzubasteln. Aber er braucht ein Fahrzeug, um zur Arbeit zu kommen. Seine Frau ist oben in der Wohnung und frühstückt mit dem zweijährigen Sohn.

Nur kurze Zeit werkelt er an der MZ. Dann holt er wieder das Flughandbuch aus dem Versteck hinter dem Kellerregal. Der Start ist das wichtigste, denkt er. Dabei darf ich keinen Fehler machen. Geht der Start schief, kann es den Tod bedeuten. Oder ich verbringe den Rest meines Lebens als Schwerverbrecher in DDR-Gefängnissen. Wieder blättert er in dem Kapitel, das den Start beschreibt.

Mindestens 90 Stundenkilometer braucht die 1850 Kilogramm schwere Maschine, damit sie abhebt. Der gewaltige 9-Zylinder-Sternmotor, der direkt hinter dem Propeller sitzt, macht die ZLIN 37 im Vergleich zu anderen Flugzeugen kopflastig. Also: den Gashebel links neben dem Fenster bis zum Anschlag. Dann den Drehzahlregler hinterher. Volle Fahrt. Ab 90 Stundenkilometern den Steuerknüppel nach hinten ziehen und seitlich ausbalancieren, damit die Maschine in der Waage bleibt. Das Seitenruder muß man mit den Fußpedalen bedienen. Wird beim Start wohl nicht so wichtig sein. Hauptsache ist, erst mal hoch zu kommen.

Jürgen reinigt den Vergaser des Motorrades, schmirgelt die Kontakte der alten Zündkerze, prüft den Funken. Diese Arbeit ist ganz ähnlich wie bei einem Flugzeugmotor. Im letzten halben Jahr, seit er bei der INTERFLUG arbeitet, läßt ihn ein Gedanke nicht mehr los: an einem Wochenende im Flugzeug die Sicherheitsschlösser knacken, den Vogel starten und weg. Weg für immer. Dorthin, wo er nicht mehr bevormundet wird. Er will in Freiheit sein Schicksal selbst in die Hand nehmen. Einmal fragte er seine Frau, ob sie mit in den Westen kommen würde. Spontan sagte sie ja. Sonst weiß niemand von seinen Absichten.

Aber würde er das schaffen? Selbst erfahrene Piloten werden für die ZLIN 37 noch einmal speziell geschult. Sonst geht's schief – und schief gegangen ist es bei den Agrarfliegern in diesem Jahr schon zweimal. Im Frühjahr sind kurz hintereinander zwei Piloten der INTERFLUG mit einer Maschine dieses Typs abgestürzt. Beide kamen ums Leben. Die Flieger fielen vom Himmel, weil sie überzogen worden waren. Dann reißt bei zu geringer Geschwindigkeit der Luftstrom ab, und die Kiste fällt wie ein Stein nach unten.

Einmal im Monat müssen die Mechaniker und Piloten zur Arbeitsschutzbelehrung. Er erinnert sich an die Fotos, die dort gezeigt wurden: Die abgestürzten Maschinen steckten kopfüber im Acker. Die Piloten hatten keine Chance mehr.

Nach der Arbeitsschutzbelehrung folgt dann immer für den Rest des Tages politischer Unterricht. »Rotlichtbestrahlung« nennen sie das. Die Phrasen vom Sieg des Sozialismus und dem gesetzmäßigen Untergang des Kapitalismus kann er nicht mehr hören.

Jürgen schraubt weiter die Teile des Motorrades zusammen. Es sollte funktionieren. Ein letzter Blick ins Flughandbuch, bevor er es wieder versteckt. Die wichtigste Anzeige an der ZLIN 37 ist die Überzieh-Warnanlage. Wird die Maschine zu langsam oder die Steigung zu groß, schrillt eine Klingel, und eine rote Signallampe leuchtet auf. Dann braucht der Vogel sofort Schub, beziehungsweise der Steuerknüppel muß nach vorn geschoben werden. Dann beschleunigt sie durch den eingeleiteten Sinkflug. Wer das nicht beherrscht, stürzt unweigerlich ab.

Jürgen wuchtet das Motorrad aus dem Keller, um es auszuprobieren. Draußen scheint jetzt strahlend die Sonne über einem weiten blauen Himmel. Eine bessere Sicht kann man sich nicht wünschen. Der Wind ist nahezu still. Kann es einen schöneren Flugtag geben?

Das alte Motorrad springt beim ersten Treten an. Sein Auto, ein 13 Jahre alter Skoda, steht fahruntüchtig auf der Arbeitsstelle, dem Arbeitsflugplatz Ganzow, sechs Kilometer von hier. Der Skoda braucht eine neue Batterie. Doch Autobatterien gibt es nicht. Um eine zu bekommen, müßte er ein Tauschgeschäft machen: einen bei der

Armee geklauten Autoreifen gegen Motorenöl tauschen, das Öl dann gegen eine Batterie.

Jürgen haßt es, sich mit solchen Geschäften zu befassen. Doch will er in der DDR ein fahrtüchtiges Auto besitzen, muß er das Spiel mitmachen. Oder er braucht Westgeld. Aber das hat er nicht. Würde er Kontakte zu Verwandten im Westen pflegen, dürfte er bei der INTERFLUG gar nicht arbeiten.

Der Westen war für ihn bis vor kurzem eine Welt, von der er keine Vorstellung hatte. Jürgen Glaser lebte bis Januar 1973 in Dresden, dem »Tal der Ahnungslosen«. Hier war, bedingt durch die Lage der Stadt, weder Rundfunk noch Fernsehen von drüben zu empfangen. In Schule und Lehre wurde er immer wieder mit dem Bild vom »Elend im Kapitalismus« konfrontiert. Doch wie es dort wirklich aussah, wußte er nicht.

Zwischen den grauen Wohnblöcken von Gadebusch dreht er nun eine Proberunde mit der alten MZ.

Nur einmal, erinnert er sich, hatte er, als er in Dresden lebte, etwas vom Westen erfahren. Er hat das nie vergessen. Seine Schulklasse mußte eine Gerichtsverhandlung besuchen. Anstelle des Staatsbürgerkunde-Unterrichts ging die Klasse ins Kreisgericht. Angeblich sollte über ein schweres Verbrechen, einen Anschlag auf die Staatsgrenze der DDR, verhandelt werden.

Jürgen Glaser sieht die Szene noch genau vor sich: Anstelle eines Schwerverbrechers wurde ein kleiner blasser Jugendlicher, in Handschellen gefesselt, in den Saal geführt. Dessen Eltern durften nicht ins Gericht, weil »unter Ausschluß der Öffentlichkeit« verhandelt wurde. Aber seine Schulklasse mußte zusehen – lebendiger Unterricht.

Man hatte den Jungen zwischen den Sperranlagen an der Grenze entdeckt. Das war sein Verbrechen. Er sagte nur, daß er frei sein wollte. In weniger als einer Unterrichtsstunde hatten sie ihn zu zweieinhalb Jahren Strafvollzug verurteilt.

Jürgen war seitdem bewußt, daß es hinter dieser Grenze eine andere Welt geben mußte. Ob sie besser oder schlechter für ihn sein würde, wußte er nicht. Aber der lockende Reiz des Unbekannten blieb. Nach seinem Umzug von Dresden ins mecklenburgische Gadebusch hatte er unterm Dach heimlich eine Antenne installiert, mit der er nun Westfernsehen empfangen konnte. Seitdem begriff er, wie er und seine Kollegen in den politischen Schulungen zum Teil belogen wurden. Und er glaubte mehr und mehr, daß es hinter der Grenze ein freieres Leben geben könnte.

Jürgen geht noch einmal hoch in die Wohnung, schenkt sich eine große Tasse Kaffee ein und starrt aus dem Fenster auf den blauen Himmel. In die halb ausgetrunkene Tasse schüttet er ein Glas Weinbrand. Er zündet sich eine Zigarette an, starrt wieder zum Himmel und sagt zu sich selbst: »Vielleicht ist mein erster Flug auch mein letzter. Dann habe ich es wenigstens versucht.«

Plötzlich steht er entschlossen auf und sagt zu seiner Frau: »Pack das Notwendigste ein. Nur das Allernotwendigste. Komm mit dem Fahrrad zum Flugplatz. Wir versuchen es heute.«

»Wann?«

»16.30 Uhr.«

Jürgen tritt die MZ an und fährt zu seiner Arbeitsstelle. Am Samstag ist dort nur der Wächter, ein Rentner aus Gadebusch. Jürgen begrüßt den Mann freundlich wie immer und sagt: »Du kannst heute schon um vier nach Hause gehen. Nutz den schönen Tag im Garten.«

»Und wer bewacht den Vogel?«

»Ich muß hier am Nachmittag was reparieren. Warum sollst du deine Zeit absitzen. Die Stunden schreibe ich dir trotzdem auf.«

In der Flugbaracke findet er den Schlüssel für den Tankwagen. Für Sprit wäre also gesorgt. Das Flugzeug ist dagegen wesentlich besser gesichert, die zugehörigen Schlüssel liegen nicht einfach herum. In der DDR gilt ein strenges Reglement, wonach immer mindestens zwei Personen zugleich am Flieger sein müssen, um ihn starten zu können. Dazu müssen vier Sicherheitsschlösser geöffnet werden, von denen drei eine spezifische DDR-Erfindung sind. Neben dem üblichen Schloß für die Kabinentür gibt es noch außen am Motor ein Schloß, das den Vergaser außer Betrieb setzt. Diese zwei Schlüssel sind in der Hand des Mechanikers. Ohne dessen Zustimmung kann ein Pilot weder die Kabine öffnen noch den Motor anlassen.

Zwei weitere Schlüssel sind im Besitz des Piloten: Mit einem ist der Steuerknüppel am Sitz festgeschlossen. Der andere arretiert ein sogenanntes Waffeleisen auf Gashebel und Drehzahlerhöhungshebel. Ohne diese Schlösser zu öffnen, bekommt man die Maschine nicht in die Luft.

Jürgen sieht sich das Schloß am Steuerknüppel an. Er glaubt, daß er den daumendicken Rundstahl mit Hammer und Meißel durchschlagen kann. Doch das stark profilierte Waffeleisen über Gashebel und Drehzahlhebel wird er nicht knacken können.

Er überlegt nur kurz und steigt auf sein Motorrad. Der alte Wächter öffnet freundlich das Tor, als Jürgen zurück auf die Landstraße in Richtung Gadebusch fährt. Er sieht den noch immer blauen Himmel, spürt aber einen leichten

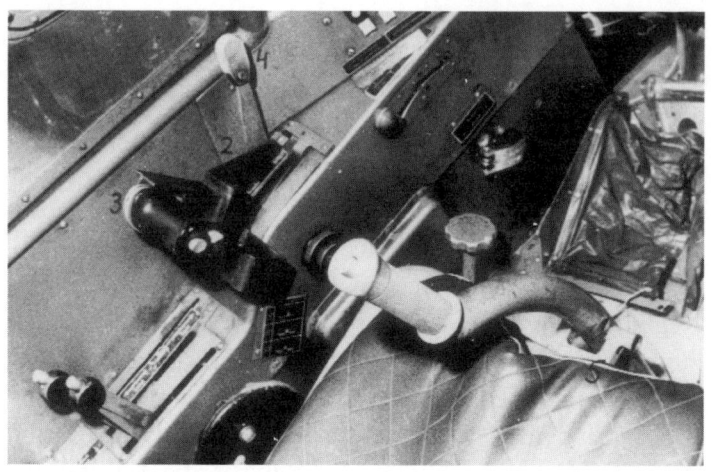

Mit dem sogenannten Waffeleisen (2) konnte der Gashebel (3) des Agrarflugzeugs blockiert werden. Der Steuerknüppel wurde mit einem Schloß am Pilotensitz gesichert.

Seitenwind aus Süden. Ob er das beim Start beachten muß? Er hat nicht viel Zeit, darüber nachzudenken.

Nach kurzer Fahrt klingelt Jürgen an der Wohnungstür des Piloten.

»Ich brauch' mal eben den Schlüssel fürs Waffeleisen.«

»Willst du am Sonnabend arbeiten?«

»Ich muß doch das Insektengift abwaschen, das über deine Kabine gekleckert ist.«

»Und wozu willst du das Waffeleisen aufschließen?«

»Du weißt doch genau, daß der Wasserschlauch zu kurz ist. Glaubst du, ich will die Scheiße mit Schwamm und Eimer abwaschen und mir die Hände verätzen? Ich rolle den Vogel bis zum Wassertank und spritze ihn ab. Fertig.«

»Kennst du Dienstanweisung Nummer 99 der INTER-FLUG?« fragt der Pilot.

»Ich weiß, du darfst den Schlüssel niemandem aushändigen. Dann sollen dir die Haare eben ausfallen, wenn dir der Dreck wieder durch die Ritzen auf den Kopf tropft. Ich dachte, daß wir schon lange genug zusammenarbeiten und uns gegenseitig vertrauen. Außerdem weißt du genau, daß ich nicht fliegen kann.«

»Na gut, ich gebe dir jetzt den Schlüssel fürs Waffeleisen. Den für den Steuerknüppel behalte ich aber. Dafür will ich am Montag keine Spur mehr vom Pflanzengift an der Maschine sehen.«

Es ist 14 Uhr. Jürgen Glaser fährt zurück zum Agrarflugplatz. Unterwegs spürt er, daß der Südwind zugenommen hat. »Hoffentlich drückt der mich beim Start nicht nach rechts weg«, denkt er.

An der Flugpiste öffnet ihm der Wächter bereitwillig das Tor. Jürgen sagt, daß er nun wirkliche Feierabend machen solle. Gutgelaunt macht sich der Rentner mit dem Fahrrad aus dem Staub.

Jürgen läßt seinen Blick über die Umgebung schweifen. Verflucht, schießt es ihm durch den Kopf, er ist nicht allein: Etwa hundert Meter entfernt sieht er LPG-Bauern bei der Feldarbeit. Aber sie arbeiten nicht, sondern sitzen am Feldrand, essen und trinken und unterhalten sich. Es könnte ein Parteigenosse oder Stasi-Spitzel unter ihnen sein. Jetzt muß er sich so verhalten, als sei alles normal, was er hier macht.

Er entfernt das Vergaserschloß vom Motor und schließt die Kabinentür auf. Dann schließt er das Waffeleisen vom Gashebel los und legt es auf den Boden. Jetzt ist nur noch das Schloß am Steuerknüppel arretiert. Für den Fall, daß es sehr schnell gehen muß, legt er Hammer und Meißel griffbereit unter den Pilotensitz. Er rollt die Maschine zum Waschplatz und spritzt sie ab. Dabei beobachtet er das Umfeld. Die Genossenschaftsbauern sitzen immer noch gemütlich am Feldrand.

Er schiebt die Maschine weiter zum Tankwagen. Mit einem Drahtschneider kappt er die Plombe und füllt beide Tanks in den Tragflächen der ZLIN 37 randvoll. 250 Liter passen hinein. Aus der Bedienungsanweisung weiß er, daß die Maschine 85 Liter in der Stunde braucht. Also knapp drei Stunden könnte er in der Luft bleiben. Das muß reichen, um vor Einbruch der Dunkelheit jenseits der Grenze nach einer Landepiste zu suchen.

Anschließend dreht er die Maschine so, daß sie in Richtung Rollbahn steht. Nur zehn Kilometer Luftlinie sind es bis zur Westgrenze. Um nicht sofort Verdacht zu wecken, will er nach dem Start zunächst nach Norden fliegen, so wie es die Agrarpiloten bei ihren Arbeitseinsätzen auch machen. Dabei muß er in wenigen Minuten lernen, wie der Vogel funktioniert. Dann will er aufsteigen, mindestens 500 Meter hoch. Bis auf diese Entfernung schießen die Waffen, mit denen die Grenzsoldaten ausgerüstet sind, vermutlich noch treffsicher. Wenn er seine Fluchthöhe erreicht hat, will er mit Vollgas nach Westen fliegen.

Es ist kurz nach 16 Uhr. Gerade hat er sich eine Zigarette angesteckt, um etwas Ruhe zu finden, da sieht er schon seine Frau mit dem Klappfahrrad kommen, auf dem Kindersitz den zweijährigen Sohn. Beide verstecken sich zunächst samt Rad in der Flugbaracke. Jetzt muß alles schnell gehen.

Noch rasch ein Blick zu den Bauern am nahen Feldrand: nichts Auffälliges zu sehen. Er öffnet eine Blechklappe im Heck der Maschine, direkt hinter dem Behälter für die Pflanzenschutzmittel. Die kleine Blechkapsel, »Mechanikerkabine« genannt, ist so groß, daß ein Erwachsener darin Platz finden kann. Er nimmt Frau und Sohn bei der Hand und hilft ihnen, dort hineinzuklettern. Seine Frau zittert, und er muß sie hineinheben. Das Kind ahnt nichts und gibt keinen Ton von sich. Er verriegelt die Klappe von außen. Entschlossen steigt er vorn ins Cockpit.

Dort hebt er Hammer und Meißel vom Boden auf und zertrümmert das Schloß am Steuerknüppel. Als er das zerschlagene Schloß am Boden liegen sieht, weiß er, daß es jetzt kein Zurück mehr gibt. Die Maschine ist jetzt flugbereit. Ein kalter Schauer läuft ihm den Rücken herunter. In diesem Moment sieht er klarer denn je: Ein falscher Handgriff und er stürzt nicht nur sich, sondern auch Frau und Kind in den Tod.

Jürgen, der noch nie in seinem Leben ein Flugzeug gesteuert hat, startet den Motor. Die Maschine springt an, der Propeller dreht im Leerlauf. Ein letzter Blick zurück zu den Feldarbeitern. Zwei der Männer sind aufgestanden, stehen mit den Händen in den Hüften da und beobachten das Flugzeug. Jürgen löst die Bremsen und gibt Vollgas. Auch den Drehzahlerhöhungshebel stellt er auf volle Tourenzahl.

Die ZLIN 37 zittert kurz und beginnt zu rollen. Erst bei 90 Stundenkilometern, weiß er, darf er die Maschine mit dem Steuerknüppel hochziehen. Der Tacho zeigt erst 20 Stundenkilometer und steigt langsam auf 30, 40, 50. Um Gotteswillen! Die Maschine driftet nach rechts von der Piste. Gleich daneben beginnt der gepflügte Acker. Das wäre das Ende.

Er drückt den Gashebel bis zum Anschlag durch. Der Tacho zeigt 60, 65, 70. Die Maschine driftet immer weiter nach rechts. Nur noch ein knapper Meter bis zur Ackerfurche. In letzter Sekunde reißt er den Steuerknüppel an sich. Gerade wollte das rechte Rad in die Furche sacken – da hebt der Vogel ab. In einem Meter Höhe gleitet er über das Feld und beginnt ganz sanft zu steigen. Plötzlich ein schriller Klingelton und rotes Blinklicht: die Überzieh-

Warnanlage. Die Maschine ist zu langsam und droht abzustürzen. Mehr Schub geht nicht. Und den Flieger nach unten drücken kann er auch nicht. Er ist gerade zwei Meter über dem Boden. Starr vor Entsetzen läßt er den Steuerknüppel los.

Langsam, viel zu langsam steigt die Motordrehzahl. Mühsam schraubt sich der Vogel nach oben. Meter um Meter. Der Alarm schrillt unentwegt weiter. Er hat noch immer nicht die notwendige Startgeschwindigkeit von 90 Stundenkilometern erreicht, rast aber im Tiefflug auf das Ende der Lichtung zu. Dort steht vor ihm – wie eine dunkelgrüne Wand – der Hochwald.

»Nun steig endlich!« fleht er die Maschine an. 15 Meter zeigt die Höhenanzeige. Das Flugzeug rast frontal auf die Baumwipfel zu. Der Alarm schrillt weiter. Er darf sie nicht mit dem Steuerknüppel höher ziehen. Vor Angst erstarrt, sieht er seinem Schicksal entgegen. Langsam, viel zu langsam wird die Maschine schneller und gewinnt an Höhe. In weniger als einem Meter Abstand streift das Fahrwerk über die Baumwipfel hinweg. Es gleicht einem Wunder, daß es keinen Ast berührt hat.

Die Maschine steigt, wie von Geisterhand gesteuert. Sie ist jetzt 100 Stundenkilometer schnell und über 30 Meter hoch. Die Überzieh-Warnanlage verstummt. Die ZLIN 37 hat sich allein nach oben geschraubt und ihnen das Leben gerettet. Jürgen atmet tief durch und nimmt den Steuerknüppel wieder in die Hand.

Er legt den Knüppel nach rechts und fliegt eine Kurve nach Norden. Das Flugzeug folgt seinen Befehlen. Vorsichtig bewegt er den Knüppel nach hinten und vorn und beobachtet genau, wie das Flugzeug dabei steigt oder fällt. Schließlich ertastet er noch die Funktion der Pedale, die die Heckflosse steuern. Damit, so glaubt er, hätte er beim Start korrigieren müssen und die Maschine auf der Piste halten können. So einfach also ist Fliegen. Er erlebt eine Hochstimmung, wie er sie nie vorher gekannt hat. Er empfindet ein Gefühl von Freiheit.

Jürgen bleibt bei einer Flughöhe von 30 Metern. Die Radaranlagen der Luftraumüberwachung will er damit unterfliegen. Nur wenn ein Hochspannungsmast kommt, steuert er sanft darüber hinweg. Etwa sechs Minuten fliegt er so in Richtung Norden. Jetzt wird es Zeit, Kurs auf die Grenze zu nehmen.

Inzwischen fühlt er sich sicherer in der Handhabung des Flugzeugs. Er zieht den Steuerknüppel zu sich heran und schraubt die Maschine steil nach oben. 50 Meter, dann 100, 150 – immer weiter steigt er ins Himmelsblau und genießt das Gefühl von Freiheit. Erst bei knapp über 500 Metern schiebt er den Steuerknüppel wieder leicht nach vorn und hält die Höhe.

Er ist jetzt außerhalb der Treffsicherheit einer Kalaschnikow. Schwerere Waffen, so hofft er, wird es auf den Grenzwachtürmen nicht geben. Und wenn sie doch ein weitreichendes Maschinengewehr haben und ihn damit vom Himmel holen? Es ist keine Zeit, darüber nachzudenken. Er greift noch mal nach links zu den Hebeln für Gas und Drehzahl. Beide sind hart am Anschlag. 250 Stundenkilometer zeigt der Tacho an. Ist die ZLIN 37 damit nicht zu schnell? In der Bedienungsanleitung stand unter Höchstgeschwindigkeit nur 160 Stundenkilometer. Die Tachonadel schwankt schon über 250 hinaus auf den Anschlag zu.

Jetzt haben sie ihn bestimmt auf dem Radar. Er muß nun schnell über die Grenze. Jürgen ändert seinen Kurs von Nord auf West. Er rast über zwei Orte hinweg. Das müßten Dechow und Groß Molzahn sein. Er fliegt schon im Sperrgebiet. Plötzlich sieht er Wachtürme und – direkt unter sich – den Todesstreifen. Er zieht die Maschine noch höher. Sollen die doch schießen, denkt er, jetzt bin ich schon im Westen.

Schon erblickt er tief unter sich einen großen See voller Segelboote. So viele Yachten sah er noch nie. Das muß der Ratzeburger See sein. Aber seine Hochstimmung hält nur kurz an. »Verdammt«, denkt er, »jetzt haben wir es geschafft, wir sind drüben, aber ich weiß nicht, wie ich wieder landen soll.«

Er ändert seinen Kurs nach Norden in Richtung Lübeck. Da muß es irgendwo einen Flugplatz geben. Sprit ist noch genug im Tank. Mitten über dem Ratzeburger See versucht er den Sinkflug. Zuerst legt er den Sicherheitsgurt an. Dann den Steuerknüppel nach vorn. Die Maschine schießt fast im Sturzflug nach unten. Die Tachonadel schwenkt weit über 250 hinaus – bis zum Anschlag. Jürgen erschrickt und fängt den Vogel ab, indem er den Steuerknüppel wieder zu sich zieht. Verdammt, das waren mindestens 300 Stundenkilometer. Das kann die Maschine bestimmt nicht ab. Aber ich muß runter.

Wieder drückt er den Knüppel nach vorn. Die Maschine stürzt wieder in Richtung Wasseroberfläche. Bei 200 Metern Höhe fängt er sie erneut ab. Die Tachonadel klebt noch immer am Anschlag. »Oh mein Gott«, denkt er, »laß uns wieder heil auf die Erde kommen.«

Auf diese Weise bringt er das Flugzeug Stück für Stück über dem See nach unten. Bis hinab auf 50 Meter Flughöhe. Da erreicht er das Ende der Wasserfläche. Genau voraus sichtet er tatsächlich einen großen Flughafen. Das muß Lübeck sein. Mit 250 Stundenkilometern schießt er im Tiefflug über den Airport. Er sieht viele Sportflugzeuge und einen Segelflieger, der gerade gestartet wird.

Jürgen fliegt eine steile Kurve und fliegt ein zweites Mal über die Landepiste. Eine Gruppe von Menschen vor dem Flughafengebäude sieht ihm dabei zu. Im Tiefflug braust er über ihre Köpfe hinweg, dreht erneut eine Schleife und fliegt die Piste ein drittes Mal an. Diesmal rennen die Leute panikartig davon und flüchten ins Gebäude.

»Ihr Idioten«, denkt er, »merkt ihr nicht, daß ich nicht weiß, wie ich runterkommen soll?« Kalter Schweiß rinnt ihm über den Rücken. Er setzt zur vierten Runde an. Er registriert, daß die Tanks noch zu zwei Dritteln voll sind. Während er die Schleife dreht, sieht er unten einen Mann zu einer Sportmaschine rennen. Der westdeutsche Sportflieger steigt sofort auf.

Jürgen rast wieder über den Airport, legt sich in die Kurve und steigt nochmals auf. Plötzlich sieht er neben sich das westdeutsche Sportflugzeug, das eben gestartet ist. Es fliegt rechts parallel zu ihm und verringert den Abstand immer mehr. Schließlich kommt es so dicht, daß sich die Tragflächen fast berühren. In der Kanzel sitzt ein älterer Mann mit weißen Haaren. Der wiederholt immer wieder seine Handzeichen. Jürgen versteht: langsamer fliegen, ihm folgen, landen.

Erst jetzt wird ihm bewußt, daß er noch immer mit Vollgas unterwegs ist. Er schiebt den Gashebel zurück und folgt dem westdeutschen Flugzeug. Ein fünftes Mal fliegen sie, diesmal gemeinsam, über die Landepiste. Jetzt zeigt ihm der andere Pilot, daß er nun landen soll. Jürgen nimmt das Gas noch weiter zurück. Es wird sein letzter Anlauf auf den Flughafen sein. Der fremde Flieger vor ihm wird langsamer und langsamer, geht nach unten, berührt den Boden, landet und verschwindet blitzschnell nach rechts von der Piste.

Die ZLIN 37 nach ihrer Bruchlandung auf dem Lübecker Flughafen. Jürgen Glaser, der heute in Afrika lebt, ist noch einmal zu einer der Maschinen zurückgekehrt, die ihn und seine Familie in den Westen brachte (unten).

Jetzt ist Jürgen dran. Er nimmt das Gas noch weiter zurück, drückt mit dem Steuerknüppel die Nase nach unten. Er hat furchtbare Angst. Schweiß rinnt ihm das Gesicht herunter. Mit beiden Händen umkrallt er den Steuerknüppel. Obwohl er nie an Gott geglaubt hat, faltet er um den Steuerknüppel die Hände und schreit laut: »Herrgott, hilf mir!«

Der westdeutsche Pilot mit seiner Maschine ist aus Jürgens Blickfeld entschwunden. Die Rollbahn kommt näher und näher. Noch 30 Meter, 20, 10, 5. Mit beiden Händen drückt er die Maschine nach unten. Noch einen Meter. 120 Stundenkilometer zeigt der Tacho. »Warum, verdammt, komme ich nicht auf die Erde?« Schon berührt das Fahrwerk fast die Piste. Plötzlich geht die Nase der ZLIN 37 wieder nach oben, und der Vogel will wieder abheben.

»Bitte geh runter!« fleht Jürgen. Doch die Maschine ist zu schnell und folgt den Gesetzen der Aerodynamik. Sie zieht wieder nach oben. Jürgen greift verzweifelt zum Trimmhebel und will durch Gewichtsverlagerung landen. Dabei verliert das Flugzeug die Balance. Die Maschine berührt mit dem rechten Flügel die Piste. Laut krachend bricht das rechte Fahrwerk weg. Viel zu spät drückt er den Steuerknüppel nach vorn. Kopfüber stürzt die ZLIN 37 auf die Piste. Mit markerschütterndem Geräusch schlägt der Propeller auf den Boden und reißt eine tiefe Spur in die Landebahn. Endlich bleibt die Maschine liegen.

Eine Sekunde der Stille tritt ein. Kurz darauf heulen die Sirenen. Feuerwehrautos und Krankenwagen plazieren sich rund ums Flugzeug. Jürgen klettert schweißgebadet aus der Kabine, öffnet die Luke im Heck und hilft Frau und Kind heraus. Keiner ist verletzt. Jetzt nichts wie weg.

Jeden Augenblick kann die Maschine explodieren. Sie taumeln zu einem Krankenwagen, der mit Blaulicht davonfährt.

Erst im Tower des Flugplatzes Lübeck-Blankensee kommen sie wieder zu sich. Der zweijährige Sohn ist fröhlich wie immer. Jürgen und seine Frau liegen sich heulend in den Armen. Der Fluglehrer Fritz Hammersfahr, der sie vom Himmel lotste, klopft Jürgen auf die Schulter: »Für einen, der noch nie geflogen ist, war das gar nicht so schlecht.«

Ein freundlicher Beamter vom Bundesgrenzschutz bietet der jungen Familie aus der DDR an, mit ihm nach Hause zu fahren und in seinem Haus zu übernachten. Sie sind mit nichts als ihrem nackten Leben und einer Handvoll Wäsche für das Kind in den Westen gekommen.

Jürgen Glaser bittet die Männer im Tower um einen Kaffee und einen Weinbrand. Er schüttet beides zusammen, zum zweiten Mal an diesem Tag. »Auf die Freiheit«, sagt er und wischt sich die Tränen ab.

In dem Moment kommen zwei Uniformierte mit dem Aufnäher ZOLL in den Kontrollturm. Sie suchen nach den Neuankömmlingen aus dem Osten und fragen doch allen Ernstes: »Haben Sie was zu verzollen?«

Die Flugzeugwerft in der Küche

14. August 1961: In der Invalidenstraße in Berlin-Mitte steht ein Pkw Mercedes 170 aus Dresden in Fahrtrichtung Westberlin. Die seit gestern geschlossene Grenze quer über die Straße ist noch nicht zugemauert, sondern provisorisch mit Stacheldrahtrollen gesichert. Kampfgruppenangehörige mit umgehängtem Gewehr bewachen lustlos die Sektorengrenze.

Im Pkw sitzen der Student Gerhard Wagner, seine Verlobte Ingeburg Hallbauer mit ihrem Bruder und ihren Eltern. Sie wissen um die einmalige Chance zur Flucht. Mit dem schweren Wagen würden sie in den Stacheldraht rasen und – egal ob das Auto die Sperren durchbricht oder mitschleift – in Westberlin ankommen.

Vater Hallbauer startet den Motor und fragt:

»Soll ich jetzt Gas geben?«

Er legt den Gang ein. Plötzlich sagt seine Frau:

»Nein! Tu's nicht! Unsere Tochter Jutta ist nicht bei uns. Die lassen wir nicht allein in der Zone.«

Die Chance bleibt ungenutzt. Tage später sind alle Straßen von Ost- nach Westberlin sowie an der ehemaligen grünen Grenze durch Gräben, Mauern und spanische Reiter getrennt.

Die Familie reist zurück nach Dresden. Gerhard Wagner heiratet Inge Hallbauer. Sie richten sich in der DDR ein. Beide sind sich aber einig: Unter den Kommunisten wollen sie nicht ewig leben. Bei der nächsten Gelegenheit fliehen sie. Wagner hat sein Studium an der TU Dresden, Fachrichtung Flugzeugkonstruktion, erfolgreich abgeschlossen. Doch in der DDR gibt es für ihn keine Perspektive als Flugzeugbauer, denn schon 1960 hatte die Volkskammer das Ende der DDR-Luftfahrtindustrie beschlossen. Weder Verkehrsmaschinen noch sonstige Flugzeuge wurden seitdem gebaut. Die lieferte jetzt die Sowjetunion. Eine offizielle Begründung gab es nie. Insider vermuteten, daß sich Moskaus Statthalter in Ostberlin dem Druck der Sowjets hatten fügen müssen.

Luftfahrtingenieur Gerhard Wagner bleibt an der TU und promoviert auf dem Gebiet der Festigkeit von Verbundwerkstoffen. Seiner Leidenschaft, der Fliegerei, kann er nur noch auf dem Segelflugplatz in Riesa nachgehen. Er hat über 100 Flugstunden als Segelflieger absolviert und jahrelang bei der Entwicklung neuer Kunststoff-Segelflugzeuge mitgewirkt.

Doch nach dem Mauerbau zwingen Ulbrichts Handlanger auch die Sportflieger auf den Boden der sozialistischen Realität. Wegen der großen Fluchtgefahr werden mehr und mehr Sportflugplätze geschlossen. Organisatorisch unterstehen die Segelflieger nun der paramilitärischen Gesellschaft für Sport und Technik. Die Zeit des freien Fliegens ist vorbei.

Sportflugzeuge sind meist in einem abgeschlossenen Terrain gesichert. Besonders streng sind die Sicherheitsbestimmungen bei den wenigen Motorflugzeugen zum Trainieren und Schleppen. Nachts müssen Startbatterie und Luftschraube demontiert und samt dem dafür nötigen Werkzeug unter Verschluß gehalten werden. Die Hangars sind rund um die Uhr bewacht.

Nach 1961 entscheiden SED und MfS, wer überhaupt in einem Sportflugzeug aufsteigen darf. Gefördert werden junge Männer, die sich zur Offizierslaufbahn bei den DDR-Luftstreitkräften verpflichten. Andere Personen, sofern sie nicht unmittelbar mit der Flugausbildung zu tun haben, dürfen nicht mehr fliegen.

Gerhard Wagner will sich nicht zum Steigbügelhalter der DDR-Militärs machen lassen und hängt die Fliegerei nun an den Nagel. Er ist überzeugter Katholik. Von einer kommunistischen Diktatur hält er nichts. Er und seine Frau fühlen sich immer unwohler in der DDR, die jetzt mit Mauer, Schießbefehl und Minenfeldern die eigenen Leute wie Leibeigene behandelt. Wegen der zunehmenden Bespitzelung durch die Stasi trauen die Wagners niemandem mehr. Sie wollen raus.

Der Konflikt mit den DDR-Behörden spitzt sich zu, als die Mutter von Ingeburg Wagner, die Rentnerin Edith Hallbauer, im Jahre 1973 von einer Westreise nicht zurückkehrt. Wagners wollen den Umzug im nachhinein legalisieren. Doch für die DDR-Behörden ist auch das Wegbleiben der alten Dame ein Fall von Republikflucht. Dementsprechend darf Ingeburg Wagner Jahre später ihre Mutter in der Bundesrepublik auch bei Krankheit nicht besuchen.

Familie Wagner ist sich einig: Bietet sich eine Gelegenheit, werden sie ohne Zögern dem SED-Staat den Rücken kehren. Das Überklettern der Mauer scheidet für sie jedoch aus. Sie haben inzwischen drei Söhne, deren Leben sie nicht aufs Spiel setzen wollen. Während der Ferien an der Ostsee suchen sie nach einer Fluchtmöglichkeit über das Meer. Der Familienvater sieht eine vage Chance im Bau eines U-Bootes. Doch von Schiffbau und Seefahrt versteht er nichts.

Gerhard Wagner hat Flugzeugbau studiert. Was liegt näher, als für seine Familie ein Flugzeug zu bauen und damit zu flüchten? Wie aber baut man ein Flugzeug, ohne daß jemand etwas erfährt? Weder engste Bekannte noch Verwandte dürfen auch nur einen Verdacht schöpfen. Jede für neugierige Blicke offene Werkstatt oder Garage scheidet aus. Der einzige Lebensraum, der Schutz vor Spitzeln verspricht, ist die Wohnung.

Wagners wohnen im ersten Stock eines Altstadthauses in der Kyawstr. 8 in Dresden-Kleinzschachwitz. Die Wohnung ist knapp 160 Quadratmeter groß. Davon nimmt allein die Küche 25 Quadratmeter Fläche ein.

Wie klein kann ein Fluchtflugzeug für eine fünfköpfige Familie gebaut werden? Wieviel Motorleistung muß der Flieger aufbringen, um unter ungünstigen Bedingungen auf einer Stoppelpiste genügend Schub für den Start zu erzeugen?

Der Ingenieur stellt überschlägige Berechnungen für eine extrem kleine, zweimotorige Propellermaschine an. Bei einem geschätzten Abfluggewicht von 580 Kilogramm ermittelt er eine Flügelspannweite von neun Metern als Minimum. Kann man ein solches Flugzeug in einer Wohnung zusammensetzen?

Er spricht mit seiner Frau. Sie vertraut seinem Wissen als Flugzeugkonstrukteur. Sie hat auch keine Angst um die Kinder, weiß sie doch: In technischen Fragen ist ihr Mann ein Perfektionist. Wenn er ein Flugzeug berechnet und baut, dann fliegt es.

Mitte der 70er Jahre schließlich beginnt Gerhard Wagner mit den Entwürfen für das Fluchtflugzeug seiner Familie. Es soll eine zweimotorige Maschine werden, in der alle fünf Personen Platz finden. Wichtig ist, daß das Flugzeug unbemerkt von Nachbarn und ohne fremde Hilfe in der Wohnung gebaut werden kann. Wegen der Enge der Wohnung und der Notwendigkeit des späteren Transports

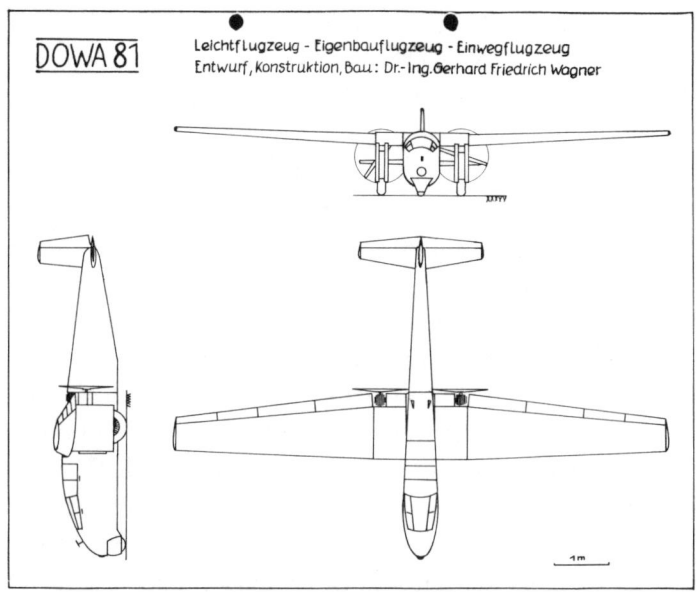

Im heimischen Wohnzimmer entwarf der Luftfahrtingenieur Gerhard Wagner eine zweimotorige Maschine, mit der die fünfköpfige Familie in die Freiheit fliegen sollte.

im zerlegten Zustand auf einem Pkw-Anhänger darf kein Teil länger als vier Meter sein.

Im August 1979 hat Gerhard Wagner die aerodynamischen Entwürfe fertiggestellt. Der Konstrukteur nennt seine Maschine DOWA 81. DOWA steht für das in seinem Betrieb übliche Kürzel für Dr. Wagner. Die 81 markiert das geplante Jahr des Starts in die Freiheit.

Seine 5,85 Meter lange Maschine soll eine Flügelspannweite von neun Metern haben und bei einer Startgeschwindigkeit von 90 Stundenkilometern abheben. Das errechnete Fluggewicht von 580 Kilogramm, inklusive Kraftstoff und Handgepäck, erfordert eine Maschine mit Landeklappen. Die sind zwar technisch aufwendiger zu bauen als starre Tragflächen, doch dank der Landeklappen, die den Auftrieb erhöhen, kann er ein Flugzeug mit relativ kleiner Tragfläche und auch kleiner Motorleistung bauen.

Als Antriebsmotoren favorisiert Gerhard Wagner Zweitakt-Motorradmaschinen der in der DDR gängigen MZ 250–2. Diese lassen sich unauffällig durch Kauf gebrauchter Motorräder beschaffen. Die einfachen und robusten Maschinen entwickeln bei 5400 Umdrehungen in der Minute eine maximale Leistung von 19 PS.

In Relation zum Abfluggewicht der Maschine inklusive fünf Personen ist das wenig Leistung. Der Flugzeugbauer wendet darum einen konstruktiven Trick aus der Kinderzeit des Motorflugs an, als es noch keine leichten Motoren mit großer Leistung gab. Er positioniert die Propeller nicht vor, sondern hinter den Tragflächen. Sie arbeiten dann als Druckschrauben und haben einen höheren Wirkungsgrad.

Motor und Fahrwerk bilden jeweils eine sogenannte Gondel, die er unter beide Flügel hängt. Aus Sicherheitsgründen liegen sie außerhalb des Rumpfes. Zusätzlich plant der Flugzeugbauer große Motorradschalldämpfer ein, um das Unternehmen nicht durch verräterischen Lärm zu gefährden.

Gerhard Wagner hat als einziger der Familie Flugerfahrungen. Allerdings nur im Segelflug. Doch er traut es sich zu, ein von ihm selbst entwickeltes Motorflugzeug zu fliegen. Er wird in der Maschine vorn sitzen und sie steuern. Frau und drei Kinder sollen hinter ihm Platz finden.

Im September 1979 beginnt die Familie mit dem Bau des Flugzeugs. Dazu räumen Ingeburg und Gerhard Wagner die Küche um. Eine Wand aus Küchenschränken teilt jetzt den Raum in eine zugängliche Küche und eine dahinter versteckt liegende Flugzeugwerft. Die Werft hinter den Schränken mißt 4 mal 2,5 Meter. Hier soll in anderthalb Jahren Bauzeit die Maschine entstehen. Der schmale Zugang in die improvisierte Werkstatt ist durch einen Vorhang optisch abgeteilt.

Damit Freunde, Nachbarn oder Verwandte nicht aus Zufall oder Neugier einen Blick hinter den Vorhang werfen, werden Besucher ab sofort ausschließlich ins Wohnzimmer dirigiert. Der eine oder andere wundert sich zunächst, doch es wird schnell zur Normalität.

Die Eltern sagen ihren beiden älteren Söhnen Udo und Jörg – sie sind inzwischen 15 bzw. 14 Jahre alt – die Wahrheit. Beide Jungen zeigen sich begeistert und wollen beim Flugzeugbau helfen. Für den jüngsten Sproß, den sechs Jahre alten Gerd, denken sie sich eine glaubhafte Geschichte aus: Der Vater baut ein Boot, mit dem sie Urlaub auf einem See machen wollen.

Im Oktober 1979 zimmert sich Gerhard Wagner hinter dem Küchenschrank eine Helling, eine Art Werkbank, auf der die Flugzeugteile entstehen. Doch wo bekommt man, ohne Verdacht zu erwecken, unter den Bedingungen der Mangelwirtschaft Material für ein Flugzeug her?

In der DDR gibt es keine Baumärkte. Rohstoffe und Bauzubehör nahezu jeder Art gelten als Mangelware und sind – wenn überhaupt – nur in kleinen Mengen zu bekommen. Flugzeugkonstrukteur Wagner klappert mit seinem Pkw Dacia die sogenannten Bastlerläden im Bezirk Dresden ab. In einem entdeckt er 0,6 Millimeter starkes Birkensperrholz und Balsa, in einem anderen Alu-Blech und Plexiglas und wieder anderswo Polyester – alles Baumaterialien für einen Flieger.

Um nicht aufzufallen oder unangenehme Fragen beantworten zu müssen, kauft er an verschiedenen Orten in

Sachsen insgesamt 20 Quadratmeter Sperrholz, ein viertel Kubikmeter Balsa und über 20 Kilogramm Polyesterharz. Die fehlende Glasseide, um glasfaserverstärkten Kunststoff laminieren zu können, bringt die Schwiegermutter aus dem Westen mit.

Die alte Dame wird in groben Zügen in den Fluchtplan eingeweiht und beschafft außerdem Schwenklager für Höhen- und Seitenruder aus hochwertigem Material. Unter anderem kauft sie im Westen auch die notwendigen Laubsägeblätter, um Alu-Bleche zu trennen.

Beginnend mit der Adventszeit des Jahres 1979, baut, sägt und leimt der Familienvater in jeder freien Stunde an dem Flugzeug. Gerhard Wagner muß dabei leise per Hand arbeiten. Das Spantenskelett entsteht aus Holz. Rumpf und Flügel werden mit Sperrholz beplankt. Jeden Tag sitzt Gerhard Wagner an dem Flieger, Stunde für Stunde, Woche für Woche. An den Wochenenden helfen seine Söhne mit, während ihnen Ingeburg durch alltägliche Besorgungen und Essenkochen weitgehend den Rücken frei hält. Über 3000 Stunden baut und tüftelt Gerhard Wagner auf seiner Helling hinter der Küchenzeile. Er hat ein lohnenswertes Ziel: den Flug in die Freiheit.

Ingenieur Wagner geht in Sicherheitsfragen keine Kompromisse ein. Die wichtige Tragflügel-Rumpf-Verbindung muß bei neuen Konstruktionen einem Festigkeitstest standhalten. Der heimliche Flugzeugbauer darf kein Luftfahrtamt um Prüfung seiner Konstruktion bitten. Wagner muß selbst ausprobieren, was Wagner berechnet und gebaut hat.

Er leiht sich in seinem Betrieb mehrere Schraubenfedern und Wagenheber. Er spannt die Maschine fest ein und belastet die Flügel-Rumpf-Verbindung, indem er mit den Wagenhebern die Schraubenfedern, deren Druckkraft er

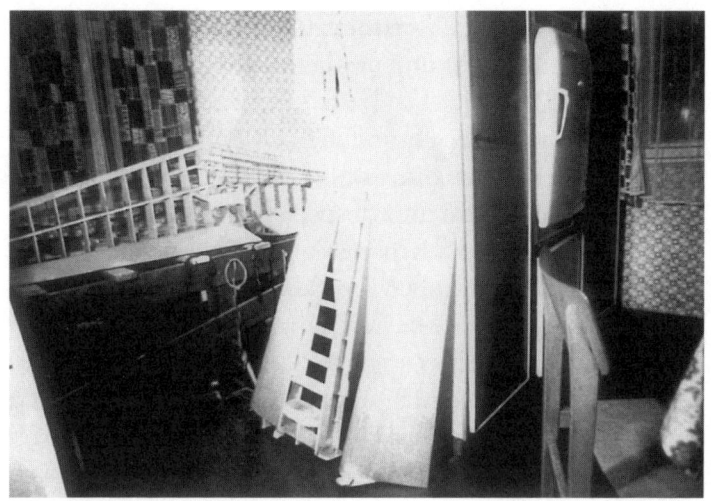

Die Flugzeugwerft der Wagners war hinter einer künstlichen Wand aus Schränken in der Küche verborgen.

kennt, gegen die Flügel preßt. Bis zu einer Belastung von 1400 Kilogramm treibt er das Experiment. Das ist das 2,4fache der zu tragenden Last. Die Statik seiner Konstruktion scheint zu stimmen.

Bei der Montage der Motoren hilft Sohn Udo. Sie kaufen für 4500 Mark zwei gebrauchte Motorräder, bauen die Maschinen aus und demontieren beide Getriebe. Die Kurbelwellen sollen direkt auf die Luftschrauben wirken.

Bei einer zweimotorigen Maschine ist es aerodynamisch günstiger, wenn die Motoren gegenläufig drehen. Dann braucht der Pilot nicht durch Gegensteuern den Seitendrall auszugleichen. Sohn Udo gelingt es, durch Manipulationen an Lichtmaschine und Unterbrecherplatte einen MZ-Motor zum Linksläufer umzupolen.

In der für ihn typischen Präzision entwickelt und baut

Gerhard Wagner die Luftschrauben für die DOWA 81. In seinen Aufzeichnungen dazu steht: »Starre Luftschrauben, 2blättrig, 1 m Durchmesser, Auslegung nach v. Doepp, Kontrollrechnungen nach Weinig, Unterlagen der deutschen Versuchsanstalt für Luftfahrt Berlin Adlershof 1934, hergestellt auf spezieller Helling im Handauflegeverfahren mit Rovings und Polyesterharz Buna, max. Breite 60 mm, außen Profildicke 3 mm, poliert, Göttinger Profil, Duralnabe mit Umschlingungszapfen für Rovings, ausgewuchtet statisch nach Verfahren der deutschen Flugpioniere um 1930 mit Genauigkeit von etwa 1 g auf 50 mm von Achse, Probelauf mit Flügelspitzengeschwindigkeit nahe Schallgeschwindigkeit.«

Die fertigen Triebwerke müssen dahingehend geprüft werden, ob sie die theoretisch ermittelten Parameter auch erfüllen. Wieder hat Wagner zu testen, was Wagner baute. Dazu entwickeln Vater Gerhard und Sohn Udo eine Versuchsanordnung, bei der sie auf einem abgelegenen Motocross-Gelände bei Dresden das Triebwerk auf einen Anhänger montieren. Zwischen Pkw und Hängerkupplung befestigen sie eine Federwaage. Sie werfen das Triebwerk mit der Hand an und geben Vollgas. Mit der Federwaage können sie so den Schub messen, den ihre Luftschraube entwickelt. Die Versuche verlaufen erfolgreich, der Konstrukteur nickt zufrieden.

Nun fehlen der DOWA 81 nur noch einige wichtige Navigationsinstrumente. Gerhard Wagner besorgt sich auf dem Schwarzmarkt einen Höhenmesser. Die Schwiegermutter aus dem Westen schmuggelt einen Kompaß nach Dresden. Und aus einer Barometerdose bastelt der Flugzeugkonstrukteur mit der Präzisionsarbeit eines Uhrmachers ein Instrument zur Messung der Fluggeschwindigkeit.

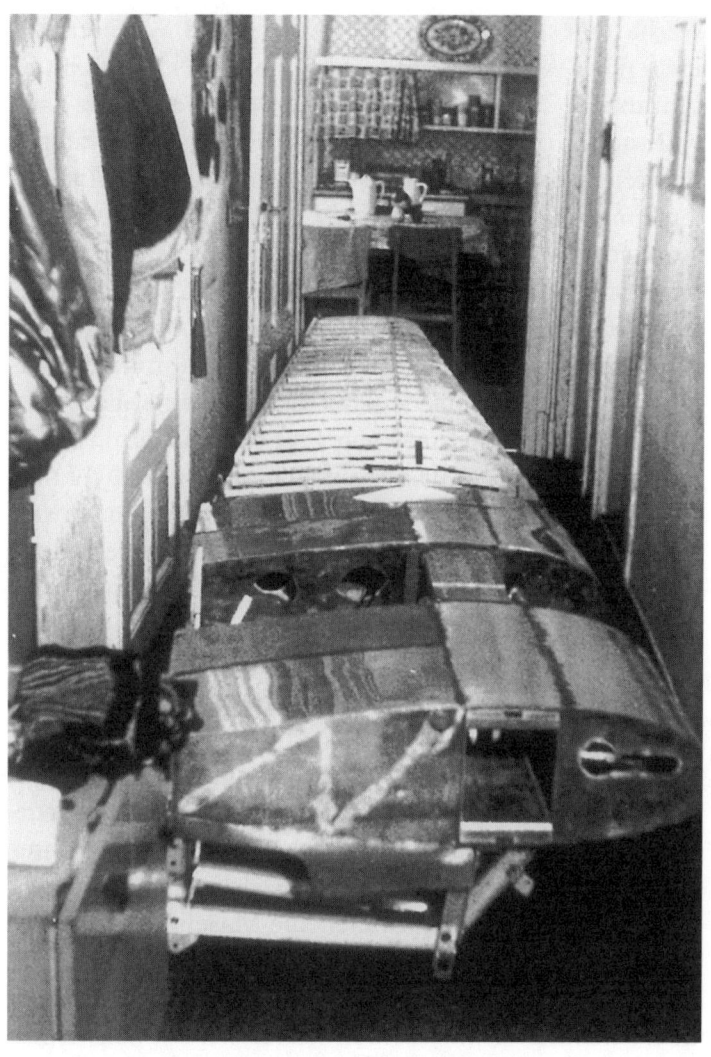

In Wagners Dresdner Wohnung wurde eine der heimlich in der Küche gebauten Tragflächen zum Abtransport bereitgestellt.

570 Tage Arbeit liegen hinter Gerhard Wagner, aber auch 570 Tage höchster Gefahr. So perfekt wie er sein Flugzeug baute, so perfekt funktionierte auch die Konspiration innerhalb der Familie. Die Maschine steht in Einzelteile zerlegt hinter der Küchenwand. Alle Aspekte der Flugsicherheit sind bedacht. Alle Material- und Festigkeitsproben hat das kleine technische Wunderwerk bestanden. Die Familie ist sich sicher, daß sie der kleine Flieger bald in die Freiheit trägt.

Jetzt muß noch ein geeigneter Startplatz gefunden werden. Die Familie entscheidet sich für einen stillgelegten Braunkohletagebau in Nonnewitz bei Leipzig. Das ehemalige Betriebsgelände ist weit genug von allen Wohngebieten und öffentlichen Straßen entfernt. In einem verwaisten Fabrikgebäude können sie das Flugzeug in Ruhe montieren. Als Startpiste wählt der Luftfahrtingenieur das Gleisbett der ehemaligen Grubenbahn. Die Gleise sind seit Jahren demontiert, das Gelände ist renaturiert. Ein mit Gras überwuchertes Kiesbett führt 600 Meter exakt geradeaus.

Wagners wollen an einem Samstagabend den zerlegten Flieger auf dem Pkw-Anhänger zum Tagebau transportieren und in der Nacht zum Sonntag montieren. Im ersten Morgenlicht will der Familienvater dann allein zu einem Probeflug starten. Funktioniert die Maschine, will er die Familie einladen und zum Flug in die Freiheit abheben.

Unterhalb des Bereichs, der vom Radar der Luftraumüberwachung erfaßt werden kann, will er zum nahen Hermsdorfer Kreuz fliegen und dann der Autobahn nach Süden folgen. Nach einer halben Stunde soll die DOWA 81 bei Hof die Grenze überfliegen und auf einer Wiese landen. Geplanter Starttag ist der 26. Juli 1981.

Einen Mann wie Gerhard Wagner hätte man in einem

anderen Land möglicherweise als Pionier der Luftfahrt gefeiert. Jedoch nicht in der DDR. Am 15. Juli 1981, also zehn Tage vor dem anvisierten Flugtag, kommt es zu einem denkwürdigen Zwischenfall. Eine Gruppe junger Männer, bekleidet mit blauen Arbeitsjacken, klingelt im Haus Kyawstraße 8. Sie sagen nett, aber bestimmt: »Im Haus ist eine Gasleitung kaputt. Alle Bewohner müssen raus! Aus Sicherheitsgründen!«

Nach einer Stunde dürfen sie das Haus wieder betreten. Familie Wagner fällt auf, daß es viele Gasmänner waren und daß sie sich lange im Haus aufhielten und am Ende doch nichts repariert haben. Wagners hoffen, daß die Handwerker nichts Verdächtiges in ihrer Wohnung bemerkt haben.

Am Donnerstag, dem 23. Juli 1981, informiert Gerhard Wagner seine Schwiegermutter Edith Hallbauer in Westdeutschland über den geplanten Flugtag. Er wählt eine vorab mündlich vereinbarte Formel im Telegramm: »Lotte kommt am 26. Juli.« Der Name »Lotte« steht für das Flugzeug. Das Datum sagt, wann die Maschine in den Morgenstunden bei Hof landen soll. Wagner wählt den Namen »Lotte«, weil seine Mutter so heißt. Sie ist Rentnerin und darf reisen. Der Flugzeugbauer geht davon aus, daß die Stasi jedes Telegramm liest. Aus dem Text, glaubt er, kann das MfS jedoch keine Rückschlüsse auf die Fluchtpläne ziehen.

Gerhard und Ingeburg Wagner reichen zwei Wochen Urlaub ein. Die Kinder haben Ferien. Wie üblich müssen Berufstätige auf dem Urlaubsschein das Reiseziel angeben. Sie tragen ein: Camping am Lipno-Stausee in der ČSSR. Als Familie Wagner verschiedene Gegenstände in die Garage trägt und offensichtlich Reisevorbereitungen trifft, fragen die Nachbarn, wo es hingehen solle. »An den

Lipno-Stausee«, antwortet Ingeburg, »wie üblich mit dem Klappfix, unserem Campinganhänger. Die Kinder freuen sich drauf.«

Am Freitagabend, dem 24. Juli 1981, tragen Gerhard Wagner und seine Söhne Udo und Jörg im Schutz der Dunkelheit Teile des Flugzeugs in die Garage. Um bei Nachbarn keinen Verdacht aufkommen zu lassen, bleiben Rumpf-Mittelteil und Flügel noch in der Wohnung. Diese großen Teile werden erst Samstagabend verladen. In der Nacht zum Sonntag wollen die Wagners zum Tagebau fahren. Der Start ist für diesen Sonntagmorgen um 4 Uhr geplant.

Der einzige der Familie, der nichts vom geplanten Flug weiß, ist der jüngste Sohn Gerd. Er ist der festen Überzeugung, sein Vater habe in der Küche ein Boot gebaut. Sollte er Freunden etwas gesagt haben, deckt es sich so mit den Aussagen der Eltern.

Das Ehepaar Wagner und die beiden großen Söhne treffen an diesem Freitagabend bis lange nach Mitternacht Vorbereitungen zur Flucht. Ingeburg Wagner hat die Fenster der Wohnung verhängt, damit niemand sehen kann, daß dort Flugzeugteile stehen. Als sie spät abends eine Tasche zur Garage trägt, hört sie Pfiffe und sieht mehrere Männer in der Nähe des Grundstücks.

Samstag, 25. Juli 1981, morgens um 7 Uhr. Dresden liegt noch im Schlaf. Bei Familie Wagner schrillt die Wohnungsklingel. Ingeburg Wagner sieht aus dem Badezimmerfenster. Unten stehen vier Männer. Sie findet das nicht außergewöhnlich, denn auf dem Hausdach wird zur Zeit einiges repariert, und sie ließ schon öfter Handwerker herein.

»Bitte öffnen sie die Haustür!« sagt einer der Männer.

»Gehören sie zu den Handwerkern, die das Dach machen?«

»Ja, ja. Machen sie mal die Tür auf!«

Ingeburg Wagner geht im Bademantel nach unten. Die Männer gehen neben ihr eine Etage nach oben. Doch sie gehen nicht weiter zum Dach. Als Frau Wagner die Wohnungstür öffnet, klappt einer seinen Ausweis auf: »Staatssicherheit. Wir wollen zu Ihnen!«

Die Stasi-Männer betreten mit ihr die Wohnung. Ingeburg weckt ihren Mann, der noch im Bett liegt. Ein Mann folgt ihr: »Herr Wagner. Ziehen Sie sich an. Sie kommen mit!«

Gerhard Wagner öffnet die Kinderzimmertür und weckt seine drei Jungen. Der Vater weiß, daß er sie lange Zeit nicht mehr sehen wird. Seine Abschiedsworte: »Wir sagen die Wahrheit. Wir haben nichts zu verbergen. Wir wollen nach dem Westen.« Der Familienvater wird von zwei Stasi-Männern abgeführt. Der kleine Gerd kommentiert: »Mutti, da ist doch der Gasmann von neulich.«

Minuten später holen sie nacheinander den 17jährigen Udo und den 16jährigen Jörg aus dem Bett und nehmen sie mit.

Mutter Ingeburg nimmt den siebenjährigen Gerd, der von allem nichts ahnt, auf den Arm und drückt ihm ein Kuscheltier in die Hand. Als letzte wird sie mit dem Kind geholt. Sie wird in die Stasi-U-Haft Bautzener Straße verfrachtet. Dort sagt ihr ein junger Stasi-Mann: »So, und jetzt verabschieden Sie sich von Ihrem Kind.« Der ahnungslose Junge schreit: »Mami, Mami!« Sie entreißen ihn der Mutter. Später stecken sie ihn in ein Heim. Für Ingeburg Wagner ist das der schlimmste Augenblick ihres Lebens.

Jedes Familienmitglied wird in eine separate Zelle gesperrt und einzeln vernommen. Herr und Frau Wagner sowie die beiden älteren Jungen erklären freiweg, daß sie ein Flugzeug gebaut haben, um in die Freiheit zu fliehen. Doch die Vernehmer glauben ihnen nicht.

Nach zwei Tagen U-Haft wird Gerhard Wagner unter Bewachung auf einen Hof, der zum Stasi-Objekt Bautzener Straße gehört, geführt. Man öffnet die Tür einer großen Lkw-Garage. Darin liegen alle Teile seiner DOWA 81. Der Garagenkomplex wird von Männern mit umgehängter MPi gesichert. Einer von ihnen nimmt Flugzeugkonstrukteur Wagner die Handschellen ab. Ein junger Offizier befiehlt ihm, nun das Flugzeug zusammenzubauen. Als Assistenten werden Wagner zwei ihm unbekannte Flugzeugmechaniker zugewiesen.

Drei Stunden später steht die DOWA 81 fertig montiert auf dem Stasi-Hof. Nur die Motoren fehlen. Gerhard Wagner erklärt, daß dafür sein Sohn zuständig sei, der auch mehr davon verstehe. Der Flugzeugkonstrukteur wird wieder in Handschellen gelegt und in seine Zelle gesperrt.

Am nächsten Tag bringt man seinen Sohn Udo zur selben Garage. Er soll die Motoren am Flugzeug befestigen. Die Maschine solle danach funktionstüchtig sein. Er erklärt, wie die Triebwerke per Hand angerissen und aus dem Cockpit gesteuert werden. Nach zwei Stunden wird Udo in Handschellen wieder abgeführt.

Das Ministerium für Staatssicherheit beauftragt die Staatliche Luftfahrtinspektion der DDR, eine Untersuchung über die Flugtauglichkeit der DOWA 81 anzustellen. Die ostdeutschen Luftfahrtexperten, zum Teil ehemalige Studienkollegen von Gerhard Wagner, untersuchen die Maschine auf Herz und Nieren. In einem detaillierten Gutachten bescheinigen sie dem MfS: »Die Flugtauglichkeit des Luftfahrzeuges ist gegeben.«

Ingeburg und Gerhard Wagner sind auch im Westen ihrem Hobby, der Fliegerei, treu geblieben (oben). Die DOWA 81 ist heute im Deutschen Museum München zu besichtigen (unten).

149

Die DOWA 81 wird daraufhin zum MfS nach Berlin transportiert. Dort schmückt sie fortan die Trophäensammlung von Stasi-Minister Mielke.

Am 23. Dezember 1981, einen Tag vor Heiligabend, sieht sich die Familie ein letztes Mal in Handschellen. Vor dem Kreisgericht Dresden-Ost werden sie unter Ausschluß der Öffentlichkeit verurteilt. Die Staatsanwältin wirft dem Ehepaar Wagner schwere Verbrechen gemäß Paragraph 213, Vorbereitungen zum ungesetzlichen Grenzübertritt, vor.

Der Vorsitzende Richter und Direktor des Kreisgerichtes verurteilt die Familie zu insgesamt zwölf Jahren Freiheitsentzug. Davon entfallen auf Vater Gerhard Wagner sechs Jahre, auf Mutter Ingeburg dreieinhalb Jahre sowie auf die minderjährigen Kinder Udo und Jörg eineinhalb bzw. ein Jahr Gefängnis.

Das Flugzeug, alle Konstruktionsunterlagen und sämtliche Literatur über Flugzeugbau werden eingezogen. Auch der Pkw Dacia, der Klappfix-Anhänger sowie alle Werkzeuge und sonstigen Gegenstände, die in irgendeiner Weise mit dem Flugzeugbau in Zusammenhang gebracht werden können, werden beschlagnahmt.

Familienvater Gerhard Wagner wird nach der Verurteilung in die berüchtigte Strafvollzugseinrichtung Brandenburg verlegt. Im selben Gefängnis hatte unter den Nationalsozialisten der Jungkommunist Erich Honecker eingesessen. Als Staatschef der DDR läßt er jetzt die Republikflüchtlinge mit Schwerverbrechern, vorzugsweise mit zu »lebenslänglich« verurteilten Mördern, zusammenlegen.

Ingeburg Wagner wird von der Stasi-U-Haft Dresden in die Strafvollzugseinheit Hoheneck, das gefürchtete DDR-Frauengefängnis in Stollberg, verbracht. Die Kinder Udo und Jörg werden in die Jugendstrafvollzugsanstalt Halle/Saale verlegt. Sie sind zwar räumlich voneinander getrennt. Es gelingt ihnen jedoch, sich über Kassiber zu verständigen.

Dank des Engagements der deutschen Bundesregierung sowie des österreichischen Bundespräsidenten Rudolf Kirchschläger wird Familie Wagner ein Jahr später freigekauft. Am 14. Juli 1982 reisen Gerhard und Ingeburg Wagner gemeinsam mit ihren Söhnen Udo und Jörg, begleitet von Rechtsanwalt Vogel, über Herleshausen in die Bundesrepublik Deutschland. Fünf Monate später darf auch der kleine Gerd zu seinen Eltern ausreisen.

Nach dem Mauerfall wagt die Familie den Blick in ihre Akten bei der Gauck-Behörde: Die Wagners nehmen mit Erschütterung zur Kenntnis, daß ein naher Verwandter, der nicht mehr als einen vagen Verdacht hatte, in vorauseilendem Gehorsam für die Stasi spitzelte und die eigene Familie hinter Gitter brachte. Es war jener Verwandte, der am 14. August 1961 in der Berliner Invalidenstraße mit in dem Mercedes gesessen hatte und fast mit nach Westberlin geflohen wäre.

Anfang 1991 erfährt Gerhard Wagner durch Zufall aus der Presse von der Stasi-Sammlung ehemaliger Fluchtfahrzeuge an der Hochschule des MfS in Potsdam. Auch ein richtiges Flugzeug sei dort ausgestellt. Er denkt sofort, daß es sich dabei nur um seine eigene Entwicklung handeln kann, reist nach Potsdam und findet dort seine DOWA 81. Heute steht das vermutlich kleinste Flugzeug für fünf Personen, das jemals gebaut wurde, im Deutschen Museum in München.

Mit 20 Tonnen durch die Sperranlagen

Ende Juni 1986 hat Hans-Joachim Pofahl aus Berlin ein Schlüsselerlebnis: Der 33jährige Kraftfahrer und Disponent im VEB Autotrans Berlin bekommt Verwandtenbesuch aus Frankfurt (Oder). Sein Neffe hat ein paar Westmark, die er im Intershop in der Friedrichstraße/Ecke Leipziger Straße ausgeben will. Der jugendliche Besucher aus dem Osten der Republik weiß natürlich nicht, was er für das wenige Geld, das er seit Monaten hütet, kaufen soll.

Nach Verlassen des Ladens sagt er spontan zu seinem Onkel: »Jetzt zeig mir mal den Checkpoint Charlie.« Hans-Joachim Pofahl, der seit zehn Jahren in Berlin wohnt und als Lkw-Fahrer den Ostteil der Stadt gut kennt, kam noch nie auf den Gedanken, sich den Grenzübergang aus der Nähe anzusehen.

Gemeinsam mit dem Neffen schlendert er auf der Friedrichstraße von der Ecke Leipziger Straße in Richtung Süden. Etwa 200 Meter vor ihnen beginnen die Sperranlagen des Grenzübergangs nach Westberlin. Es ist ein lauer Sommerabend. Hans-Joachim Pofahl zündet sich eine Zigarette an. Auf der Straße ist es still. Nur ein Pkw mit Westberliner Kennzeichen fährt an den zwei Fußgängern vorbei.

Die Zigarette ist gerade halb aufgeraucht, da stehen sie schon vor der ersten Schranke. Hier ist für gewöhnliche DDR-Bürger die Welt zu Ende. Der vordere Posten, ein

Unteroffizier mit Pistole am Gürtel, ist aus seinem Häuschen getreten und beäugt die zwei Männer mißtrauisch. Er erkennt sofort, daß es zwei DDR-Bürger sind, die hier nichts verloren haben. Um den Grenzposten nicht zu provozieren, gehen die Männer einige Schritte zurück, beobachten aber, wie das eine Auto die Abfertigung nach Westberlin passiert.

Nach der ersten Vorkontrolle an der Schranke ist die geradeaus nach Westberlin führende Spur durch armdicke Stahlbügel versperrt. Diese Verkehrsleiteinrichtungen zwingen den Autofahrer, einen Bogen nach rechts zu fahren, der zu den Abfertigungsbaracken führt. Danach müssen die Autos einen Bogen nach links fahren, bis sie wieder die ursprüngliche Geradeausspur der Friedrichstraße erreicht haben. Die letzte Barriere nach Westberlin bildet je ein stählernes Tor für jede Fahrbahn, die beide zweiflügelig sind und gerade offenstehen.

Doch wo genau der amerikanische Sektor beginnt, wissen die beiden Männer nicht. Sie sehen in einem in der DDR gedruckten Stadtplan nach. Demnach könnten die beiden Stahltore kurz vor der Zimmerstraße sein. Ob nun aber die Zimmerstraße selbst schon zu Westberlin gehört oder erst die Kochstraße, können sie anhand ihrer Karte nicht feststellen.

Bei ihren Beobachtungen fällt ihnen noch etwas anderes auf: Wenn man die durch Hindernisse erzwungene Fahrspur, die nach rechts zur Abfertigung führt, einfach ignoriert, führt der Weg in den Westen genau geradeaus. Nur einige meterhohe Stahlbügel sind im Weg. Sonst nichts. Nicht einmal Grenzposten stehen da. Nach ihren Schätzungen ist diese Strecke geradeaus durch den Checkpoint Charlie keine 100 Meter lang.

Während sich Hans-Joachim nachdenklich eine neue

Zigarette anzündet, sagt sein Neffe halblaut: »Ein Hundert-Meter-Läufer schafft das. In zehn bis 15 Sekunden ist man ein freier Mensch.«

»Mit den Stahlhürden könnten es auch 20 Sekunden werden. Das reicht, um durchzuladen und dir 'ne Ladung Blei in den Rücken zu schießen.«

Hans-Joachim legt die Hand auf die Schulter seines Neffen und gibt ihm zu verstehen, daß sie jetzt besser gehen. Während sie langsam zurück in Richtung Unter den Linden spazieren, dreht sich Hans-Joachim noch einmal um und sieht, wie der Westberliner Pkw die Grenzbaracke passiert, sich wieder auf die Hauptspur einfädelt und durch das offene Tor nach Westberlin verschwindet.

»Die kürzeste Verbindung«, sagt er leise vor sich hin, »ist die Gerade. Und die einzigen Hindernisse sind ein paar lächerliche Stahlbügel.«

Von jenem Sommerabend an sollte ihn der Gedanke an diesen geraden Weg nicht mehr loslassen.

Hans-Joachim Pofahl, von seinen Freunden kurz Hajo genannt, war immer ein pragmatisch denkender Mann, der fest zupacken konnte und stets neue Herausforderungen suchte. Gern hätte er ein technisches Ingenieurstudium absolviert, doch weil er wohl nicht das richtige Elternhaus hatte, fiel er schon bei der Bewerbung für die Erweiterte Oberschule durchs Raster.

Er lernte Zerspanungsfacharbeiter, wollte aber mehr aus seinem Leben machen. Es war für ihn fast eine Horrorvision, das ganze Berufsleben in der Werkhalle eines maroden DDR-Betriebes verbringen zu müssen. Ein Job bei der DDR-Handelsflotte erschien ihm dagegen sehr verlockend. Er hatte erfahren, daß dort gerade Nachwuchskräfte mit technischer Berufsausbildung gesucht würden.

Hajo wußte aber zu diesem Zeitpunkt noch nicht, nach welch strengen politischen Kriterien die Rostocker Stasi unter Tausenden Bewerbern die wenigen sicher erscheinenden künftigen Seeleute auswählte: Schließlich bot ein Arbeitsplatz auf einem DDR-Handelsschiff unter Umständen zahlreiche Fluchtmöglichkeiten.

Während der Musterung zum Wehrdienst, der er sich bald darauf unterziehen mußte, riet man ihm, sich für drei Jahre Ehrendienst bei der NVA zu verpflichten, danach stünden ihm bessere berufliche Möglichkeiten offen – zum Beispiel auch die, als Matrose zur See zu fahren. In der Hoffnung, hinterher auf einem Handelsschiff arbeiten zu dürfen, unterschrieb er eine Verpflichtung für drei Jahre Armee.

Hajo leistete seinen Wehrdienst in einer technischen Einheit. Er lernte den Umgang mit der sowjetischen Maschinenpistole Kalaschnikow, der bei Soldaten und Grenzern üblichen Waffe. Seitdem wußte er, daß man, wenn man treffen will, mit dieser MPi nicht blitzschnell aus der Hüfte schießen kann. Der Schütze muß sich vergewissern, daß keine Unbeteiligten im Schußfeld sind, dann erst kann er laden, anlegen, entsichern, abdrücken – Sekunden, die über Leben und Tod entscheiden können.

Nach der Entlassung aus der NVA erlebte Hajo seine zweite große Enttäuschung. Man sagte ihm, daß er aufgrund neuer Bestimmungen nach dreijähriger Armeezeit für die nächsten sechs Jahre ein Geheimnisträger sei. Er dürfe nicht ins westliche Ausland reisen und könne daher auch nicht auf einem Handelsschiff arbeiten.

Hajo war frustriert. Er bewarb sich beim VEB Autotrans Berlin, dem mit 2000 Mitarbeitern größten Kraftverkehrsbetrieb in der DDR. Wegen der guten Verdienstmöglichkeiten ging er zum Baustofftransport und arbeitete dort als Disponent und Fahrer. Schnell hatte er das System leistungsabhängiger Entlohnung durchschaut. Durch diverse Zuschläge brachte er es auf einen monatlichen Spitzenverdienst von bis zu 2000 Mark. Das war das Doppelte eines DDR-Durchschnittseinkommens. Materiell fehlte es ihm in dieser Zeit an nichts. Von der gut eingerichteten Wohnung bis zum Pkw besaß er alles, was sich ein junger Mann in der DDR nur erträumen konnte.

Dennoch sah er im sozialistischen Arbeiter-und-Bauern-Staat keine langfristige Perspektive für sich. Gern hätte er studiert oder eine andere Aufgabe gemeistert. Doch er war weder in der SED noch sonst im Sinne des Sozialismus engagiert. Und der VEB Autotrans Berlin hielt für ihn schon lange keine neuen Herausforderungen mehr bereit. Da wurden ganze Lastzüge für Monate stillgelegt, weil es keine Bremsleitungen gab oder keine Glühbirne für das Rücklicht – Leerlauf und Stillstand auf allen Ebenen. Im volkseigenen Betrieb erlebte Hajo Anfang der 80er Jahre, wie sich die DDR immer mehr dem wirtschaftlichen Abgrund näherte. Er wollte gern etwas anpacken, hatte jedoch keine Lust, an einem zum Untergang verurteilten Schiff notdürftig herumzuflicken.

In jenen Jahren gab es mehrere Ausreisewellen aus der DDR. Nach dem Ende der KSZE-Konferenz in Helsinki im Sommer 1975 beriefen sich vor allem junge Leute auf das von der DDR-Führung mit unterzeichnete Recht auf Reisefreiheit. Für Hans-Joachim Pofahl war die Neugier auf das Fremde zunächst kein Ausreisegrund. Kam das Thema zur Sprache, sagte er sich und anderen: »Solange es für mich zwischen Ostsee und Erzgebirge noch was zu entdecken gibt, brauche ich nicht in den Westen zu gehen.«

Wenn er gehen würde, dann nur wegen fehlender beruflicher Perspektiven, denn er spürte immer mehr, wie

156

seine Fähigkeiten in der volkseigenen Mangelwirtschaft verkümmerten.

Die erste Konfrontation mit dem Thema Ausreise erlebte er im Dezember 1985. In diesem Monat lernte er Karin kennen, die seit drei Jahren einen Antrag auf Übersiedlung laufen hatte. Frisch verliebt, wollte Hajo mit ihr das Land verlassen und reichte im Dezember 1985 ebenfalls einen ersten Ausreiseantrag ein.

Die Verantwortlichen in seinem Betrieb reagierten prompt: Im VEB Autotrans sank er auf die niedrigste Position: die eines Kiesfahrers. Hajo war damit nicht unzufrieden. Diese Reaktion bestätigte ihm, daß seine Entscheidung möglicherweise doch richtig war. Nur zu der erhofften gemeinsamen Ausreise mit seiner Freundin kam es nicht. Karin hatte schon drei Jahre Wartezeit hinter sich und durfte im Januar 1986 gehen – allein. Dies bedeutete für beide die unwiderrufliche Trennung.

Im Mai desselben Jahres lernte Hajo in Ostberlin dann Martina kennen. Auch sie hatte für sich und ihre kleine Tochter einen Ausreiseantrag gestellt. Doch die Abteilung Inneres hatte gedroht, ihr das Kleinkind wegzunehmen und ins Heim zu stecken, wenn sie weiter am Ausreise-Ersuchen festhalten würde. Aus Sorge um das Kind zog Martina bald darauf den Antrag zurück.

Hans-Joachim Pofahl erinnert sich: »Wir waren beide glücklich in unserer neuen Beziehung und wollten allen Ernstes in der DDR von vorn beginnen. Im Mai 1986 zog auch ich meinen Antrag zurück. Der Frust, noch hier zu sein, war schon fast vergessen …«

Im VEB Autotrans Berlin wurden dem ehemaligen Staatsfeind Hans-Joachim Pofahl nun auch wieder verstärkt Aufgaben als Einsatz-Disponent übertragen. Zudem bot man ihm die Teilnahme an einem Meisterlehrgang an. Hajo war diese Art, mit Menschen umzugehen, die allein davon abhängt, wie man sich zum SED-Staat stellte, zwar zuwider, dennoch versuchte er einen Neuanfang. Mit seiner Lebensgefährtin und ihrem Kind wollte er in eine gemeinsame Wohnung ziehen. Doch im Wohnungsamt spürte er wieder deutlich, was ihn am Leben in der DDR immer gestört hatte: Das Ausfüllen von Anträgen ging einher mit unsäglicher Bittstellerei, die durch leere Phrasen und Vertrösten auf unbestimmte Zeit beantwortet wurde.

Genau in diese Phase fiel das Schlüsselerlebnis mit seinem Neffen am Checkpoint Charlie.

In den darauffolgenden Wochen unternimmt Hans-Joachim Pofahl immer wieder Spaziergänge in die Nähe des Grenzübergangs Checkpoint Charlie. Ihm bietet sich stets das gleiche Bild: Die Geradeausspur auf der Friedrichstraße ist offen – bis rüber nach Westberlin. Nur ein paar armdicke Stahlbügel leiten den Verkehr vom direkten Weg nach rechts heraus zur Abfertigungsbaracke.

Nach seinen Schätzungen sind die Stahlbügel aus zwei Zoll starkem Rohr gebogen und im Asphalt verankert oder auch nur in Hülsen hineingesteckt, so daß man nach Belieben die Verkehrsführung ändern kann. Die Bügel sind knapp einen Meter hoch. Die gerade Strecke durch den Grenzübergang schätzt er immer wieder auf 100 Meter.

Zehn Sekunden für einen Hundertmeterläufer. Doch Hajo kann nicht so schnell rennen, auch nicht über Hürden springen. Benötigt er aber mehr Zeit, können die Grenzer ihn mit gezieltem Schuß in den Rücken zur Strecke zu bringen.

Im Kopf rechnet er die Geschwindigkeit des Hundert-

Hans-Joachim Pofahls Fluchtweg über den Checkpoint Charlie. Im Hintergrund die DDR-Grenzkontrollstelle, vorn die letzten Sperranlagen vor Westberlin.

meterläufers in Stundenkilometer um. Das macht 36 Kilometer pro Stunde. Mit seinem tschechischen Kipper Skoda-LIAZ schafft er das locker – auch wenn er erst ab der Ecke Unter den Linden beschleunigen kann.

Und die Stahlbügel? Der LIAZ hat gut 16 Tonnen Leergewicht. Wenn er noch drei bis vier Tonnen Kies auflädt, sind es 20 Tonnen. Was sind armdicke Stahlbügel gegen 20 Tonnen Masse, die mit 210 PS auf 40 Stundenkilometer beschleunigt werden?

Und wenn sie ihn mit gezieltem Schuß zur Strecke bringen? Hajo stellt sich vor, er hätte eine MPi und müßte einen Kipper stoppen, der ohne Vorwarnung an ihm vorbeidonnert. In die Vorderreifen zu schießen wäre am erfolgreichsten, weil das Fahrzeug dann aus der Spur bricht. Doch wenn der Kipper schon vorbei ist, wird es schwierig, die Vorderräder zu treffen. Die Hinterachse trägt Zwillingsreifen. Da kann der Grenzer ein ganzes Magazin verballern, ehe er den Lkw stoppt. Bleibt das Fahrerhaus. Ein gezielter Schuß von hinten auf die Fahrerkabine wäre tödlich.

Doch auf seiner Arbeitsstelle gibt es ja reichlich Kies. Eine Kiesladung hinter der Fahrerkabine könnte ein gutes Schutzschild abgeben. Man kann den Kies so hoch aufschütten, daß er das Führerhaus bis zum Dach bedeckt. Dann, so glaubt er, kann er sogar noch weiterfahren, wenn auf den Wagen geschossen wird.

In diesem Sommer besuchen Hajo und seine Freundin Martina möglichst unauffällig auch alle anderen innerstädtischen Grenzübergänge in Berlin. Sie sind alle so angelegt, daß man mit einem in Richtung Westberlin verkehrenden Fahrzeug zwischen massiven Betonbarrieren hindurch Slalom fahren muß. Diese Grenzübergänge scheiden aus. Es bleibt also nur der Alliierten-Übergang Checkpoint Charlie als einziger Fluchtweg übrig.

Nun versucht Hajo zu erkunden, zu welcher Tageszeit er die Sperranlagen am besten durchbrechen kann. Immer wieder spaziert er von der Leipziger Straße auf der Friedrichstraße entlang in Richtung Grenze und biegt dann kurz zuvor in die Krausenstraße ein.

Hajo will auf keinen Fall durch seine Streifzüge an der Mauer entlang auffallen. Darum legt er seine Spaziergänge auf verschiedene Tageszeiten. Er erkennt, daß er die Sperranlagen keineswegs am Tage durchbrechen darf. Er könnte einen der zahlreichen Passanten gefährden, wenn sie dem Lkw nicht ausweichen können oder unvermutet ins Schußfeld der Grenzposten geraten. Mit seinem gewaltsamen Fluchtversuch will er aber möglichst keine Unbeteiligten in Lebensgefahr bringen.

Er stellt fest, daß es gegen Mitternacht ruhig und leer

am Checkpoint Charlie wird. Vermutlich liegt es daran, daß bei den Tagesbesuchern das Visum um Mitternacht abläuft, die meisten den Ostteil der Stadt bis dahin verlassen und danach für viele Stunden Ruhe am Checkpoint einkehrt.

Kurz nach 24 Uhr werden dann am hinteren Ende des Übergangs, also wenige Meter vor Westberlin, die beiden knapp zwei Meter hohen Stahltore verschlossen. Hajo sagt sich: »Die beste und einzige Chance besteht kurz vor Mitternacht.«

Am 29. August 1986, einem Donnerstag, sind sie bereit zur Flucht. Hajo hat Nachtschicht. Er schläft bis Mittag und fühlt sich frisch und ausgeruht. Seine persönlichen Papiere sowie die seiner Freundin Martina packt er in eine kleine Reisetasche. Obendrauf kommen ein paar Sachen für das Kind.

Um 17 Uhr, zu Schichtbeginn, holt Hajo seinen Kipper vom Typ Skoda-LIAZ vom Autohof in Johannisthal und fährt gemäß Dienstplan zum VEB Baustoffversorgung, gleich nebenan. Als Disponent für die Nachtschicht fertigt er dort zunächst mehrere Lastzüge ab.

Ab 19.30 Uhr ist er fast ganz allein, die Kollegen fahren ihre Touren. Auf dem Parkplatz im Freien schraubt er den Beifahrersitz aus dem Kipper. Seine Freundin und das Kind sollen möglichst unsichtbar im Fahrerhaus untergebracht werden. Keinesfalls will er bei einer nächtlichen Verkehrskontrolle mit Frau und Kind auffallen, denn die durfte er in seinem Dienstfahrzeug nicht mitnehmen.

Niemand wundert sich, daß Hajo an seinem LIAZ schraubt, denn an einem volkseigenen Lkw gibt es immer etwas zu basteln. Da der Beifahrersitz sehr komfortabel mit Druckluft gefedert ist, muß er noch die Luftleitung verschließen, damit die Bremsen weiter funktionieren.

19.45 Uhr ist Hajo mit dem Umbau fertig. Er holt die vorbereitete Reisetasche und eine Decke aus seinem Pkw Moskwitsch und positioniert beides dort, wo vorher der Beifahrersitz war. Er spürt, daß er jetzt verschwinden muß. Er lädt eine Fuhre Kies und fährt damit auftragsgemäß zu einer Baustelle in Köpenick, wo er ihn um 21.15 Uhr abkippt. Den Rückweg nimmt er über Karlshorst, wo Martina wohnt. Das Kind schläft bereits. Er lädt nur seine Freundin ein und nimmt sie mit zum Autohof nach Johannisthal, um ihr den Moskwitsch zu übergeben. Sie verabreden sich für 23 Uhr in einer dunklen Seitenstraße in Lichtenberg. Martina will das Kind holen und dort im Moskwitsch auf ihn warten.

Ab 21.30 Uhr arbeitet Hajo dann schon wieder ganz normal als Disponent und fertigt die inzwischen zurückgekehrten Fahrzeuge der Kollegen ab. Er staunt über sich selbst, wie gelassen er das macht, obwohl er weiß, daß er in gut zwei Stunden einen schweren »Anschlag« auf einen DDR-Grenzübergang unternehmen wird.

Um 23 Uhr schließlich fährt er seinen LIAZ zur Ladestraße. Er fertigt den Kipper selbst ab. Gut drei Tonnen Kies schüttet er genau hinter das Fahrerhaus. Er achtet darauf, daß der Kies die gesamte Rückwand der Kabine bedeckt und somit vor möglichen Einschüssen schützt.

Der Countdown läuft nun unaufhaltsam. Hajo hat noch knapp eine Stunde bis Mitternacht. Er fährt direkt nach Lichtenberg und stoppt den Kipper, wie verabredet, auf einem unbeleuchteten Seitenstreifen in der Marie-Curie-Allee.

Er wird schon erwartet. Trotz Dunkelheit erkennt er, wie sich vor ihm die Tür eines Moskwitsch öffnet. Seine

Freundin kommt mit einem Bündel im Arm auf ihn zu-gerannt. Sie kauert sich mit dem vier Monate alten Kind auf die bereitgelegte Decke, genau an die Stelle im Fah-rerhaus, wo vorher noch der Beifahrersitz war.

Von diesem Augenblick an wagen beide nicht mehr zu sprechen. Noch 30 Minuten trennen sie vom Check-point. Hajo fährt zunächst über Frankfurter Allee und Karl-Marx-Allee in Richtung Zentrum. Der volumi-nöse Motor in der Mitte des Fahrerhauses surrt zuver-lässig. Am Alex, dem neugestalteten Zentrum der Haupt-stadt der DDR, schießt es ihm durch den Kopf, daß er diesen Teil der Welt möglicherweise nie wiedersehen wird.

23.45 Uhr. Hajo könnte jetzt vom Alex nach links Rich-tung Unter den Linden abbiegen. Doch in dieser Ge-gend, zwischen Palast der Republik und Brandenburger Tor, wimmelt es von Polizeistreifen. Würde eine VP-Kon-trolle die Beifahrertür öffnen, wäre alles zu spät. Vor al-lem fürchtet er, daß er auffällt und daß man ihn anhält, wenn er mit dem Kipper von Unter den Linden nach links in die Friedrichstraße zum Checkpoint Charlie ein-biegt. Kommt er aber schon auf der Friedrichstraße ge-fahren, scheint ihm diese Gefahr geringer.

Also macht er einen Umweg um das Zentrum via Hans-Beimler-Straße, Mollstraße und Wilhelm-Pieck-Straße und biegt in die Friedrichstraße ein. Von Norden kom-mend, unterquert er die Bahngleise am S-Bahnhof. Von den VP-Streifen unbeachtet, passiert er kurz darauf die nächtliche Straße Unter den Linden.

23.52 Uhr. Hajo hat nun keine Zeit mehr zum Angst-haben. Etwa einen Kilometer vor ihm liegt der taghell beleuchtete Grenzübergang Checkpoint Charlie. Er zün-det sich eine letzte Zigarette an. Hajo fährt wie immer mit runtergekurbelter Scheibe und legt den linken Ellbogen auf den Fensterrahmen.

Der Kipper überquert die Französische Straße und die Leipziger Straße, ohne Aufmerksamkeit zu erregen. Nun sind es noch 200 Meter bis zum ersten Schlagbaum. Alles um ihn herum ist taghell. Hajo beschleunigt den Kipper in Richtung Checkpoint. Er schaltet den linken Blinker ein. Die Grenzer sollen glauben, er wolle unmittelbar vor dem Grenzübergang nach links in die Krausenstraße einbiegen.

Doch er biegt nicht links ein. Auf der Kreuzung legt er den dritten Gang ein und gibt Gas. 100 Meter vor ihm steht ein Posten vor dem ersten Schlagbaum und starrt auf den Kipper. Hajo blickt zum Tacho: 40 Stundenkilometer. Der nur mit Pistole bewaffnete Grenzer stellt sich einen Augenblick demonstrativ breitbeinig vor seinen Schlagbaum. Hajo tritt das Gaspedal jetzt bis zum Anschlag durch.

Der Kipper rast nun frontal auf den Grenzer zu. Doch anstatt zur Waffe zu greifen, rennt dieser weg und versteckt sich hinterm Schrankenhäuschen. Krachend zersplittert der Schlagbaum, und seine Einzelteile fliegen seitlich davon. Keine Sekunde später knallt der Lkw gegen die in den Boden eingelassenen Stahlbügel. Sie knicken weg. Der LIAZ fährt holpernd weiter.

Schon hat der Kipper den Checkpoint fast passiert. Hajo sieht vor sich die letzten stählernen Hürden. Da beginnt die Alarmanlage zu schrillen. Überall blinken rote Lampen. Vom Turm zur Linken kommen zwei Grenzer die Treppe heruntergestürzt. Sie reißen ihre Waffen von den Schultern. »Halt an, du Schwein!« hört er jemanden brüllen. Dann ein lautes Krachen. Er weiß nicht, ob es von überrollten Hindernissen kommt oder ob die ersten Salven eingeschlagen haben.

Ankunft im Westen: Der LIAZ mit 20 Tonnen Gesamtgewicht und 210 PS Motorleistung hatte die Sperren mit Vollgas durchbrochen.

Hajo fährt weiter mit Vollgas. Verflucht! Das Stahltor auf seiner Spur zum Westen hat sich automatisch geschlossen. Davor ist ein baumdicker Stahlträger eingeschwenkt. Das schafft auch kein Lkw!

In Bruchteilen von Sekunden erfaßt er, daß in diesem Moment auf der Gegenspur ein Westberliner Pkw Richtung Osten einfährt. Dort ist das Tor noch offen und beginnt sich gerade zu schließen. Hajo reißt das Lenkrad nach links und rast auf das stählerne Portal der Gegenspur zu. Schon schwenkt der linke Flügel ein und versperrt die Durchfahrt. Gleich werden der rechte Flügel und der Stahlträger hinterherschwenken, dann ist alles aus.

Hajo kneift die Augen zu und hält mit Vollgas im spitzen Winkel auf das Stahltor zu. Da, ein furchtbarer Knall! Glas splittert. Der LIAZ ist mit seiner Schnauze voll in

Am Tag nach der Flucht reparierten Grenzsoldaten die vom Kipper zertrümmerten Sperranlagen am Checkpoint Charlie.

den Stahl gefahren. Der Torpfosten zerbirst wie bei einer Detonation. Was für die Ewigkeit gebaut scheint, bricht weg und macht dem Kipper den Weg frei.

Schon im nächsten Augenblick überquert der Lkw die Kochstraße. Hajo weiß nicht, wo genau der Westen anfängt und von wo an sie sicher sind. Er fährt weiter auf der Friedrichstraße, die ihm jetzt recht dunkel erscheint. Er sieht, daß der linke Teil des Lkw völlig eingedrückt ist. Auch Kupplung und Bremse sind offenbar beschädigt. Er hat Probleme, den schweren Laster überhaupt in der Spur zu halten.

Bald sieht er hell erleuchtete Geschäfte mit den Aufschriften Tschibo und Eduscho. Das muß der Westen sein. Seine Anspannung löst sich. Es gelingt ihm, das Fahrzeug

Hans-Joachim Pofahl mit seiner Freundin und deren Kind nach geglückter Flucht auf der Westberliner Seite des Grenzübergangs.

zum Stehen zu bringen. Sowohl er als auch seine Freundin und ihr Kind sind unverletzt.

Fünf Minuten nach Mitternacht steigt er aus und fragt einen Jugendlichen:

»Ist das hier der Westen?«

Der fragt etwas verdutzt: »Wo kommst du denn her?«

Hajo antwortet: »Na aus'm Osten«, und zeigt auf den zerbeulten Laster.

Um 0.10 Uhr schließlich hält eine amerikanische Militärstreife mit Blaulicht neben dem Kipper irgendwo am Mehringdamm. »Die Berliner Polizei hat Detonationen am Checkpoint Charlie gemeldet«, sagt der Offizier, »aber sie konnten sich nicht vorstellen, daß jemand durchgebrochen ist.«

Der Amerikaner setzt einen Funkspruch ab. Zehn Minuten später trifft ein VW-Bus der Westberliner Polizei ein. Um 0.30 Uhr fahren die Flüchtlinge mit den Beamten in Richtung Platz der Luftbrücke davon. Im Bus läuft das Autoradio. In den Nachrichten meldet der RIAS, daß ein namentlich nicht bekannter ostdeutscher Lkw-Fahrer am Checkpoint Charlie alle Sperranlagen kaputtgefahren hat. Erst in dem Moment begreift Hajo, daß sie tatsächlich im Westen sind, daß sie es geschafft haben.

Für die Grenzsicherung hat der gewaltsame Grenzdurchbruch Folgen: Schon zwei Tage später, am Samstag, dem 31. August, wird die Verkehrsführung in der südlichen Friedrichstraße geändert. Zwischen Leipziger Straße und Checkpoint Charlie macht man die Friedrichstraße zur Einbahnstraße – und zwar mit freier Fahrt aus Richtung Westberlin. Auf die Grenze zu ist sie gesperrt. Der Verkehr zum Grenzübergang wird über die schmalen Nebenstraßen Krausenstraße und Mauerstraße geleitet, wobei mehrere enge Kurven gefahren werden müssen. Auf dem letzten Stück der Friedrichstraße bis zum ersten Schlagbaum werden hohe Betonkübel aufgestellt und mit Blumen bepflanzt. Wer jetzt mit einem Fahrzeug in Richtung Westberlin will, muß nun auch hier im Schrittempo Slalom fahren.

Nach dem Fall der Mauer herrscht auf der Friedrichstraße wieder freie Fahrt in beide Richtungen. Die letzten Spuren des Grenzübergangs sind fast völlig verschwunden. Von den Linden kommend, flanieren bei schönem Wetter unzählige Spaziergänger völlig ungehindert Richtung Kochstraße.

Hans-Joachim Pofahl lebt immer noch in Berlin – er arbeitet heute erfolgreich als Baustoffhändler.

Surf for Freedom

Im Spätsommer 1986 gleiten zwei junge Windsurfer mit selbstgebauten Funboards bei Windstärke fünf nach der Beaufortskala über den ruppigen Greifswalder Bodden. An der offenen Seeküste ist Surfen wegen der Fluchtmöglichkeit verboten. Doch vor Thiessow, dem südöstlichsten Zipfel der Insel Rügen, wird es toleriert. Die Landspitze Thiessower Haken liegt schon in den sogenannten inneren Seegewässern, wo Segeln und Windsurfen in der Zeit zwischen Sonnenauf- und -untergang erlaubt sind.

Bei einem strammen Ostwind rollen anderthalb Meter hohe Wellen von der offenen See am Thiessower Haken vorbei in den Greifswalder Bodden hinein. Dann findet die kleine Clique ostdeutscher Surfer hier ähnliche Bedingungen wie auf offener See. An solch einem rauhen Tag trainieren die beiden jungen Berliner Karsten Klünder und Dirk Deckert verschiedene Surfmanöver bis zur Leistungsgrenze.

Vor allem der sogenannte Wasserstart in tiefem Wasser bei Seegang muß gelingen. Es ist eine spezielle Surftechnik, bei der man sich aus einer schwimmenden Lage heraus durch Anstellen des Segels mit Windeskraft aus dem Wasser ziehen läßt und sofort Fahrt aufnimmt. Wer bei Starkwind und Seegang über weite Wasserflächen surfen will, muß den Wasserstart beherrschen, sonst ist er verloren.

Dirk Deckert (links) und Karsten Klünder besorgten sich Neoprenanzüge aus dem Westen. Darüber trugen sie Trockenanzüge.

Der Metallfacharbeiter Karsten Klünder und der Modellbauer Dirk Deckert lernten sich 1983 in der Segelsektion der Betriebssportgemeinschaft Stahl Finow am Werbellinsee bei Berlin kennen. Beide waren leidenschaftliche Segler und Surfer. Sie sprachen über den eventuellen Eigenbau eines Segelbootes. Doch schon nach kurzer Zeit gestanden sie sich ein, daß es sinnlos sei, in der DDR ein Boot zu bauen. Segeln durfte man nur auf Binnenseen und Boddengewässern. Die Freiheit des Meeres existierte für DDR-Bürger nicht.

Der 30jährige Karsten und sein acht Jahre jüngerer Freund Dirk hielten nichts von den Reglementierungen im Honecker-Staat. Sie wollten frei sein. Vor allem wollten sie Segeln und Surfen ohne Grenzen. Beide waren familiär unabhängig und hatten nichts zu verlieren als ihre Ketten. Die zwei jungen Männer gewannen Vertrauen zueinander.

Mit diesen selbstgebauten Funboards wollten die beiden Freunde im
November 1986 über die Ostsee fliehen.

Bald erörterten sie verschiedene Varianten, wie sie in den
Westen fliehen könnten.

Im Frühjahr 1986 unternahmen sie Erkundungsfahrten
in Richtung Grenze zur Bundesrepublik. Beim Anblick
der tödlichen Sperranlagen entschied Karsten: »Hier abzu-
hauen ist Selbstmord. Wir surfen über die Ostsee.«

Karsten und Dirk bauten sich Surfbretter nach den Ab-
bildungen moderner Funboards im westdeutschen Magazin »surf«. Freunde aus dem Westen hatten ihnen die
Zeitschrift in die DDR geschmuggelt. Das in der DDR
nicht erhältliche Segeltuch für ein Surfsegel kauften sie
in der ČSSR. Karsten ließ sich von seinen Bekannten in
der Bundesrepublik einen Neopren-Anzug mitbringen,
Dirk kaufte sich einen gebrauchten auf dem ostdeutschen
Schwarzmarkt. Die Neopren-Anzüge waren ein guter
Kälteschutz und damit lebenswichtig.

Doch für eine Extremfahrt über die offene See fehlten noch Kopfhauben, Handschuhe und Füßlinge. Ohne diesen Schutz ist das Risiko der Unterkühlung zu hoch. Karsten und Dirk reisten wieder in die ČSSR und kauften in einem Sportgeschäft Neopren-Rohmaterial und Spezialkleber. Zu Hause fertigten sie zuerst Schnittmuster, zerteilten dann das kostbare Neopren und klebten in mühseliger Kleinarbeit Füßlinge, Kopfhauben und Handschuhe zusammen. Eine wasserdichte Uhr und einen kleinen Handkompaß konnten sie in der DDR kaufen. Im Frühjahr 1987, so der Plan, wollten sie von Rügen nach Dänemark surfen.

Durch einen Zufall erstanden sie im Sommer 1986 in Ostberlin sogenannte Trockenanzüge. Die für Jollensegler gefertigten Overalls sind aus gummiertem Gewebe geklebt und schließen an Hand- und Fußgelenken sowie am Hals wasserdicht ab. Sie sind weit genug geschnitten, daß man sie noch über der Neopren-Haut tragen kann. Außerdem geben sie, solange sie dicht sind, so viel Auftrieb, daß man im Wasser liegend nicht untergehen kann.

Der Erwerb dieser Raritäten war der Auslöser für das Vorverlegen des Fluchttermins. Mit dieser Bekleidung fühlten sie sich warm genug verpackt, um bei herbstlicher Kälte über das Meer zu surfen. Bei einem Fluchtversuch im Herbst waren die Gefahren, entdeckt zu werden, wesentlich geringer. Die Nächte sind deutlich länger als im Sommer, und am Strand sowie auf See ist die Sicht meist schlecht.

Durch das Training im Sommer fühlten sie sich körperlich fit für einen Törn unter den extremen Bedingungen von Sturm und Kälte. Sie entschieden: Ende November, wenn die Herbststürme über die Ostsee pfeifen, wollen sie mit dem Surfbrett nach Skandinavien fliehen.

Karsten Klünder mit einem der aus Neopren selbstgeklebten Handschuhe.

Am 24. November 1986 reisen Karsten Klünder und Dirk Deckert in Karstens Trabi mit der Surfausrüstung auf dem Dach von Berlin in Richtung Norden. Um mit der verdächtigen Ladung nicht aufzufallen, müssen sie sich auf einem Campingplatz anmelden, der nicht an der offenen Seeküste liegt. Sie reisen nach Rügen und überqueren im Westen der Insel den schmalen Damm zur Halbinsel Ummanz. An der Westküste von Ummanz existiert ein kleiner Zeltplatz, wo sie sich offiziell als Herbsturlauber anmelden.

Ummanz liegt am Schaproder Bodden, der zu den sogenannten inneren Seegewässern zählt. Hier ist das Surfen noch erlaubt. Die im Westen vorgelagerte schmale Insel Hiddensee trennt das Revier von der offenen See.

Der Campingplatz ist am 24. November längst verwaist. Zwischen leeren Wohnwagen bauen Karsten und Dirk ihr Zelt und die Surfausrüstung auf. Am Nachmittag testen sie auf dem Schaproder Bodden die Trockenanzüge. Luft und Wassertemperatur liegen bei sechs Grad. Die Bekleidung hält dicht und warm. Als am Abend der Wind mit fünf Stärken aus Südwest bläst, sagt Karsten: »Jetzt stimmt alles. Morgen früh hauen wir ab nach Dänemark.«

Nachts verkriechen sie sich in ihr kleines Bergsteigerzelt. Es ist undicht. In Strömen regnet es durch. Dirk ist guter Laune und kann den nächsten Tag kaum erwarten. Doch Karsten plagen Sorgen: Werden wir unbemerkt bis zur offenen Küste kommen? Sind die Surfbretter auf dem Radarschirm der Wachboote zu sehen? Halten die selbstgebauten Mastfüße der stürmischen See stand? Haben wir Kraft genug für einen 70 Kilometer weiten Ritt über das offene Meer?

Um 4.30 Uhr erwachen sie aus dem Halbschlaf. Sie

174

sind aufgeregt wie nie im Leben. Der Sturm pfeift in den Bäumen und zerrt an ihrem Zelt. Sie kochen eine Tasse Tee, schlingen ein paar Brote hinunter. In völliger Dunkelheit müssen Mast, Gabelbaum und Segel zusammengefügt und auf dem Brett montiert werden. Doch jeder Handgriff sitzt. In wenigen Minuten sind die Bretter aufgeriggt. Es ist noch Nacht und sehr kalt. Um 6.00 Uhr starten sie zur ersten Etappe über den Schaproder Bodden zur Insel Hiddensee.

Trotz des Starkwindes ist das Wasser auf dem geschützten Bodden nahezu glatt. Die zwei Surfer sind viel schneller als gedacht. Schon nach einer halben Stunde erreichen sie das boddenseitige Ufer von Hiddensee beim Naturschutzgebiet Gellen. Hier beginnt das bewachte Grenzgebiet. Auf der Seeseite der Insel darf niemand surfen.

Es wird gefährlich hell. Eile ist geboten. Wie um ihr Leben rennen Dirk und Karsten 400 Meter durch die Dünen von Hiddensee in Richtung Ostsee, dabei Boards und Segel hinter sich herziehend. Endlich der Strand. Die offene See.

Es ist schon viel zu hell. Direkt am Strand frische Spuren eines Jeeps. Da es auf Hiddensee keinen privaten Autoverkehr gibt, kann das nur ein Militärfahrzeug gewesen sein. Liegen die Grenzer etwa schon mit geladener Waffe in den Dünen? Dirk und Karsten haben furchtbare Angst. Vor ihnen die gewaltige Ostsee-Brandung, in der sie noch nie gesurft sind.

»Jetzt geht es um Leben oder Tod«, sagt Karsten. Ihm klopft das Herz vor Aufregung und Anstrengung. Aus Angst vor einer Patrouille riggt er in Sekunden sein Brett auf und geht an den Start. Wind und Wasser sind eiskalt, der Himmel grau und trüb. Bei vier bis fünf Windstärken gelingt Karsten auf Anhieb der ungewohnte Start in der dröhnenden Brandung. Er dreht sich um, sieht Dirk hinter sich und surft hinaus aufs Meer.

Plötzlich ein heller Lichtstrahl. Aus Angst läßt Karsten alles fallen und springt ins Wasser. Beim Auftauchen bemerkt er, daß Dirk verschwunden ist, der Lichtstrahl aber näherzukommen scheint. Sofort taucht er wieder ab. Das eiskalte Seewasser schmerzt auf seinem Gesicht.

Als Karsten wieder auftaucht, ist der Lichtstrahl weg. Er hängt sich an sein Brett. Im Auf und Ab des Seegangs kann er aus seiner niedrigen Position die Uferlinie nicht mehr sehen. Er setzt sich aufs Brett und läßt sich treiben. Wo bleibt Dirk? Die Küste mit den dahinter liegenden Dünen ist vom grauen Dunst des Morgens verschluckt. Hat man Dirk verhaftet? Oder ist er ertrunken?

Gewissensbisse quälen Karsten. Was ist seine Freiheit wert, wenn der beste Freund ins Gefängnis muß oder stirbt? Doch er darf jetzt nicht wieder zurück. Er startet erneut, um sich von der gefährlichen Küste zu entfernen. Oft blickt er achteraus. Doch von Dirk fehlt jede Spur.

Auf der offenen See erkennt er, daß es gar kein Suchscheinwerfer war, vor dem er panische Angst hatte. Es war das Licht des Leuchtturms Gellen im Süden von Hiddensee. Noch nie sah er ein solches Licht von der offenen See aus.

Nach einer Stunde läßt er sich wieder fallen und hockt sich aufs Brett. Im eiskalten Wasser wartet er auf seinen Freund. Doch der kommt nicht mehr. Der Schock der unerwarteten Trennung und die Angst vor den Wachbooten quälen ihn mehr als die Kälte des Meeres. Sollte Dirk gefaßt worden sein, dann sind die Grenzer jetzt auch hinter ihm her. Er muß so schnell wie möglich verschwinden.

Karsten findet sich mit der dumpfen Erkenntnis ab, daß Dirk nicht mehr kommen wird. Er konzentriert sich auf das Surfen in den immer höher werdenden Wellen. Das Licht des Leuchtturms verschwindet achteraus und damit auch Karstens Furcht, von einem DDR-Küstenwachboot verfolgt zu werden. Dafür fordert ihn die See immer mehr. Aus dem Halbgleiten der ersten Kilometer ist längst eine rasante Gleitfahrt über zwei Meter hohe Wellenberge geworden. Der Wind bläst weiter aus Südwest und hat aufgefrischt. Er schätzt ihn jetzt auf Stärke sechs nach der Beaufortskala.

Karsten fährt Halbwindkurs. Ungewollte Sprünge lassen sich in dem Seegang nicht mehr vermeiden. Er fürchtet, daß bei diesem Höllenritt etwas zu Bruch geht. Immer öfter stürzt er in Wellentäler, verliert das Gleichgewicht und landet in der eiskalten See. Nur noch mit Mühe schafft er die Wasserstarts. Immer bewußter wird ihm die Gefahr, in der er schwebt. Wenn die Kräfte nachlassen und ihm der Wasserstart nicht mehr gelingt, muß er ertrinken.

Nach drei Stunden taucht vor ihm in der Gischt eine riesige dunkle Wand auf. Das große schwarze Schiff ist ihm unheimlich. »Das sind bestimmt Russen«, sagt er zu sich selbst, »möglicherweise fahren die nach Rostock.« Aus Angst, von einem Schiff aus dem Ostblock gerettet zu werden, macht er sich aus dem Staub.

Mit dem Kompaß am Handgelenk versucht er immer wieder, seinen Kurs zu finden. Doch Wind und Seegang nehmen ihn ganz in Anspruch. Wer weiß, ob der billige Wanderkompaß überhaupt funktioniert? War er vielleicht schon zu lange von seinem Kurs Nordnordwest abgekommen? Ihm scheint, dieses Meer hört nie mehr auf.

Karstens Füße beginnen zu schmerzen. Die selbstgebastelten Füßlinge sind zu groß für die engen Fußschlaufen. Beide Füße sind dadurch schon seit Stunden grausam kalt. Jetzt werden sie allmählich taub. Und die tödliche Kälte kriecht langsam immer weiter die Beine herauf. Karsten merkt, wie ihm die Kräfte schwinden. Er hat nur noch den einen Wunsch, daß dieses Elend endlich vorbei ist.

Verzweifelt gleitet er weiter durch den Sturm und sagt immer wieder zu sich selbst: »Jedes Meer hat ein Ende. Auch dieses!«

Der Himmel klart jetzt etwas auf, und zeitweise lugt sogar ein Strahl Sonne zwischen den Wolkenfetzen hindurch. Manchmal glaubt er im Norden Land zu sehen, und seine Kräfte werden augenblicklich stärker. Doch um so bitterer ist es, wenn er sieht, daß ihn Wellenkämme und Wolkenfetzen getäuscht haben.

Karsten hält seinen Kurs und konzentriert sich auf das Surfen. Apathie macht sich breit. Er hat kaum noch Kraft, sich aufrecht zu halten. Soll es das gewesen sein? Sein bester Freund im Gefängnis oder tot? Und er selbst wird auf dem Meer erfrieren?

Er blickt hinter das Segel. Was ist das? Ein Streifen Licht am Horizont. Ein Silberstreif Hoffnung. Ein weißer Fels reflektiert das Licht des anbrechenden Tages. Land! Dänemark! Der Kreidefelsen von Mön!

In seiner apathischen Stimmung hat er gar nicht bemerkt, daß schon dicht vor ihm die Küste liegt. Plötzlich verspürt er Bärenkräfte. Es macht richtig Spaß, über die Wellenberge zu gleiten. Nach etlichen Stürzen stolpert er bei Klintholm auf der Insel Mön durch die Brandung auf den steinigen Strand. Erschöpft läßt er sich zu Boden fallen. Vier Stunden und 18 Minuten war er unterwegs. Jetzt ist er ein freier Mann.

Karsten muß laut lachen, als er vor sich ein Schild sieht: »Surfen verboten!« Zwei dänische Fischer kommen am Strand entlang. Karsten erzählt ihnen, daß er aus der DDR kommt und über die Ostsee gesurft ist. Der eine meint, daß sei ein schlechter Scherz. Doch der andere begreift den Ernst der Situation. Bei diesem Hundewetter Ende November macht niemand solche Witze. Sie reichen ihm eine Flasche Bier gegen den Durst und bringen ihn zu einem Haus am Hafen, über dessen Eingang »Havnekontor« geschrieben steht.

Hafenmeister Erik Jensen hat in der unteren Etage sein Büro, darüber wohnt er mit seiner Frau. Frau Jensen schenkt Karsten trockene Sachen. Dann setzt sie den vor Kälte klappernden Mann an den warmen Kanonenofen. Sie reicht ihm in großen Mengen heißen Kaffee, in den sie vorher reichlich Zucker eingerührt hat. Für den alten Hafenmeister Jensen und seine Frau ist Karsten nicht der erste DDR-Flüchtling, den sie hier auftauen.

Karsten kann sich so recht nicht freuen. Er ist in Sorge um seinen Freund Dirk. Hafenmeister Jensen weiß sofort, was zu tun ist. Wer Ende November im kalten Ostseewasser treibt, hat keine hohen Überlebenschancen. 20 Minuten später starten zwei dänische Seenothubschrauber. Alle Fischer von Mön werden über Funk alarmiert, nach dem verschollenen Surfer Ausschau zu halten. Doch die Suche bleibt ohne Erfolg.

Die dänische Polizei bringt Karsten am nächsten Tag zur bundesdeutschen Grenze. Während der Zugreise zur zentralen Aufnahmestelle Gießen findet Karsten eine »Bild«-Zeitung und liest voller Entsetzen die Schlagzeile: »DDR-Flucht mit Surfbrettern – einer tot.« Mußte sein Freund Dirk den Fluchtversuch tatsächlich mit dem Leben bezahlen?

Für Dirk Deckert endet der Fluchtversuch in den Morgenstunden des 25. November schon am Strand von Hiddensee. In der für ihn ungewohnten hohen Brandung erlebt er ein Fiasko nach dem anderen. Zuerst hat er Probleme, mit dem kleinen Surfbrett auf die aufgewühlte See zu kommen. Dirk ist noch nie bei Schwerwetter auf offener See gesurft. Während er sich im Flachwasser abmüht, verliert er Karsten aus den Augen. Schließlich kommt er doch aufs Brett und versucht, seinem Freund nachzueilen. Da passiert das nächste Malheur.

Bei einem vergeblichen Schotstart, bei dem er aufs Brett klettern und das Segel mit der Startleine hochziehen muß, fällt er unglücklich ins Wasser und reißt ein großes Loch in den Trockenanzug. Sofort schießt eiskaltes Seewasser hinein. Der lebenswichtige Schutz ist dahin. Kurz darauf bricht der Handkompaß aus der Halterung am Armgelenk und funktioniert nicht mehr. Sein Begleiter Karsten, der ihm hätte die Richtung weisen können, ist längst im Dunst verschwunden. Dirks Situation ist aussichtslos. Er entschließt sich zur Rückkehr.

Am Ufer von Hiddensee verkriecht er sich mit seiner Ausrüstung in einem Fichtenwäldchen. Zwei Stunden verharrt er im Versteck und hofft vergebens, sein Freund Karsten käme aus dem grauen Schleier der See zurück.

Als es hell wird, wächst Dirks Angst vor einer Grenzstreife. Er fürchtet, daß man ihn und das Surfbrett von einem der Wachtürme aus sehen kann. Er flüchtet samt Ausrüstung ins dichte Unterholz des Waldes. Auf allen Vieren kriecht er, dabei Surfbrett und Rigg hinter sich herziehend, zurück zum boddenseitigen Ufer der Insel. Er muß höllisch aufpassen, daß sein Segel nicht zerschlitzt wird, denn einen Ersatz dafür gibt es nicht.

Gegen 10.00 Uhr surft er zurück über den Schaproder Bodden zum Ausgangslager auf der Halbinsel Ummanz. Da steht noch Karstens Trabi. Dirk weiß, daß er damit nicht nach Hause fahren darf. Wegen Beihilfe zur Republikflucht würde er einige Jahre ins Gefängnis müssen.

Um einer Polizeikontrolle zu entgehen, fährt er über holprige Nebenstraßen nach Stralsund. Dabei trocknet er den zerrissenen Trockenanzug auf den Heizungsschlitzen des Autos. In Stralsund kauft er einen Fahrradschlauch und Gummilösung für die Reparatur des Anzugs. Auch einen Autoatlas, auf dem die Ostsee zu sehen ist, und einen neuen Kompaß kann er zum Glück besorgen.

Zurück auf dem Campingplatz in Ummanz, studiert er den Atlas. Doch der Wind wird schwächer. Ein Gedanke schießt Dirk immer wieder durch den Kopf: »Sollten die Herbststürme vorbei sein, schaffe ich es nicht mehr nach Dänemark. Dann muß ich ins Gefängnis.«

Er findet keine Ruhe. Nachts um 2.00 Uhr steht er mit dem geflickten Trockenanzug am Bodden. Immer wieder sagt er sich: »Hau ab, ehe der Wind ganz weg ist.« Kurzentschlossen steigt er aufs Brett.

Doch auf dem Bodden weht nur noch ein schwaches Lüftchen. Der nächtliche Surfer kommt nicht vom Fleck. Völlig entnervt kehrt er zurück zum Strand. Am Ufer von Ummanz wartet er bis zum Morgengrauen.

Um 6.00 Uhr kommt endlich Wind. Dirk steckt sich eine Tafel Schokolade und für alle Fälle einen Schraubenzieher und ein paar Meter Leine in die Tasche seines Trockenanzugs. Dann steigt er wieder aufs Brett. Ungesehen surft er zum dritten Mal über den Schaproder Bodden. In panischer Angst hastet er mit seiner Ausrüstung über die Heide von Hiddensee und erreicht atemlos den Strand der offenen See.

Die Ostseewellen rollen weiter mit ungeminderter Wucht heran. Aber der Wind hat abgeflaut. Wieder beginnt die Qual der anstrengenden Schotstarts in der Brandung. Kaum ist Dirk wenige Meter gesurft, stürzt er in der nächsten Welle. Nach einer halben Stunde ist er so verzweifelt, daß er aufgeben will. Er surft zurück zur Küste. Doch plötzlich läuft sein Brett so gut wie beim Training auf dem Bodden.

»Verdammt, das muß doch auch in Richtung Dänemark gehen«, denkt er, wendet wild entschlossen und schafft es schließlich, bei drei bis vier Windstärken ins Gleiten zu kommen. Die Konzentration auf Wind und Wellen fesseln ihn so sehr, daß Dirk überhaupt nicht mehr an die Wachboote denkt. Weil der Wind für einen Wasserstart zu schwach ist, fürchtet er sich vor einem Sturz in die See.

Mitten auf See wirft ihn dann doch eine Welle um. Beim Aufschlagen auf dem Brett verliert er wieder den Kompaß. Nach mehreren Versuchen gelingt es ihm, erneut zu starten. Dirk orientiert sich am Stand der Sonne, die milchig durch die Wolken scheint. Der Gedanke, eventuell an Mön vorbeizusurfen, beunruhigt ihn sehr.

Dirk verpaßt es, einer heranrollenden Wasserwand auszuweichen, und knallt erneut in die See. Der Mastfuß bricht aus, das Rigg fliegt aufs Wasser. Schwimmend sammelt er sein Material ein und zieht sich aufs Brett. Weiße Schaumkämme eiskalter Gischt fegen über ihn hinweg. Das Salz brennt ihm in den Augen. Auf den Wellenbergen tanzend, betrachtet er den Schaden. Der Mastfuß hat unter der extremen Belastung die selbstgebaute Halterung aus Aluminium aufgerissen.

Zum Glück hat Dirk einen Schraubenzieher mitgenommen. Mit dem Griff klopft er das Aluminiumblech der Halterung wieder flach. Er steckt den Mast wieder hinein. Es sieht zwar nicht mehr gut aus, könnte aber halten.

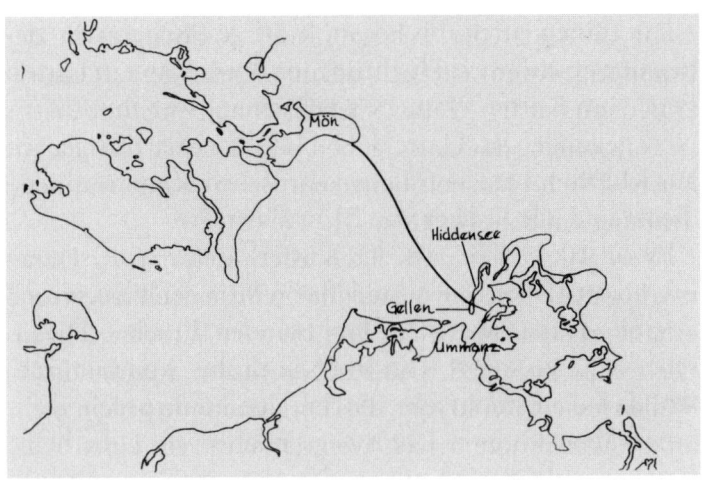

Der Fluchtweg von Dirk Deckert und Karsten Klünder: Sie surften von Rügen über Hiddensee bis zur Insel Mön in Dänemark.

Dirk ist völlig erschöpft, bleibt auf dem Brett sitzen und ißt eine Tafel Schokolade. Jetzt merkt er, daß er viel zuwenig geschlafen und überhaupt keine Kraftreserven hat. Auf dem Brett sitzend döst er für eine halbe Stunde ein.

Der eiskalte Schwall einer über ihn hinwegrollenden Welle reißt ihn aus dem Halbschlaf. Ihm gelingt auf Anhieb ein Wasserstart. In rasanter Fahrt jagt Dirk mit halbem Wind die Wellenberge rauf und runter.

Nach dem Stand der Sonne glaubt er, daß es bald Mittag sein müßte. Da sieht er am nördlichen Horizont einen orangefarbenen Punkt, den er zunächst für eine riesige Fahrwasserboje hält. Er surft darauf zu, um sich daran auszuruhen. Doch die vermeintliche Boje entpuppt sich beim Näherkommen als ein kleines Boot mit Fischern in orangefarbenen Overalls. Erleichtert hält er auf den Kutter zu. Ehe er längsseits geht, ruft er aus sicherem Abstand: »Was seid ihr für Landsleute?«

183

Die Dänen rufen ihn heran, kräftige Fischerarme ziehen den erschöpften Flüchtling ins Boot. Kapitän Larsen Find vom Kutter »Janne« weiß genau, wer ihm da ins Netz gegangen ist. Hatte doch Hafenmeister Erik Jensen aus Klintholm am Vortag den dänischen Seenotrettungsdienst und alle Fischer von Mön alarmiert.

Es ist 10.45 Uhr, als der Kutterkapitän von seinem Einsatzort 18 Seemeilen südlich von Mön den Funkspruch abgibt: »Habe zweiten Surfer gefunden. Er lebt.« Die Fischer nehmen sofort Kurs auf Klintholm, weil sie fürchten, daß die ostdeutsche Marine den Funkspruch abgehört haben könnte. Unterwegs reichen sie Dirk heiße Getränke, kleiden ihn mit trockenen Sachen ein und wickeln ihn in eine Decke.

Kutterkapitän Larsen Find, der die Gefahren der herbstlichen See zwischen Rügen und Mön von vielen Fahrten her kennt, meint kopfschüttelnd: »Junge, du hast verdammt viel Mut.«

Einen Tag später ist Dirk wieder soweit bei Kräften, daß er allein mit der Bahn in die Bundesrepublik reisen kann. Wie alle Flüchtlinge, die nicht sofort bei Freunden oder Verwandten unterkommen, fährt er zum zentralen Aufnahmelager nach Gießen. Dort gibt es eine ergreifende Wiedersehensszene: Unter Tränen liegen sich Dirk Deckert und Karsten Klünder in den Armen.

Karsten und Dirk leben heute mit ihren Familien in Süddeutschland und surfen noch immer, wenn es ihnen die Zeit erlaubt.

Flug über die Mauer

»Werden wir erwischt, stecken sie uns mindestens 15 Jahre in den Knast.« Ingo Bethke zündet sich eine Zigarette an. Es ist der 26. Mai 1989, 2 Uhr morgens. Gemeinsam mit Bruder Holger hat er sich im Schutz der Nacht am Rande des Sportplatzes Britzer Mühle in Westberlin versteckt. Neben ihnen stehen zwei Leichtflugzeuge mit militärischem Tarnanstrich und sowjetischem Hoheitszeichen.

Der jüngere Bruder Holger antwortet nicht, steckt sich ebenfalls eine Zigarette an. Weiß er doch genau, was sie in wenigen Stunden riskieren. Er und sein Bruder stehen in der DDR als Verbrecher auf der Fahndungsliste. Für ihre Jahre zurückliegenden Grenzdurchbrüche wurden sie nie amnestiert. Hätte die DDR-Justiz eine Gelegenheit, sie festnehmen zu lassen, müßten sie noch heute hinter Gitter.

In geduckter Haltung und mit Hilfe einer abgedunkelten Taschenlampe kontrolliert Holger die Seilzüge beider Flugzeuge. Heute darf nichts schiefgehen. Honecker und Mielke hätten hämische Freude an dem Prozeß: mehrfacher Grenzdurchbruch in schwerem Fall, Verletzung alliierten Luftraums, Menschenraub, Spionage und Landesverrat. Bloß nicht daran denken.

Holger setzt sich zu seinem Bruder unter den Flieger und lehnt sich mit dem Rücken ans Rad. Wann wird es endlich hell? Ihnen ist kalt. Sie sollten etwas schlafen.

Doch sie können kein Auge zumachen. Bei jedem Geräusch horchen sie auf, aus Angst, entdeckt zu werden. Entdeckt zu werden von der Westberliner Polizei, die die startbereiten Maschinen den Alliierten melden müßte. Würden die Amerikaner davon Wind bekommen, wäre alles vorbei. Sportflugzeuge in Westberlin sind streng verboten.

Darum haben die Brüder nachts das Tor des Sportplatzes geknackt, im Dunkeln die zwei zerlegten Flieger vom Lkw geladen, den Laster weggefahren und die Kette am Tor wieder verschlossen. In zwei Stunden montierten sie zwei Flugzeuge. Nahezu ohne Licht. Ohne jedes Geräusch. Jeder Handgriff wurde zigmal geübt. Nun sind die Maschinen startklar.

Mit den zwei Ultraleicht-Flugzeugen wollen sie im Morgengrauen über den Todesstreifen fliegen: nach Ostberlin. Eine Maschine soll für Sekunden landen und ihren dritten Bruder, Egbert, aufnehmen. Sie wollen ihn rausholen, nach Westberlin, in die Freiheit.

Im ersten Morgenlicht, in knapp drei Stunden, soll es passieren. Einen derart dreisten Anschlag gegen den DDR-Luftraum gab es noch nie. Während Ingo in den Himmel über Berlin starrt und auf das Licht des neuen Tages wartet, denkt er zurück, wie alles begann …

Als Jugendlicher, mit 16, zog es ihn in die Welt. Vor allem nach England, ins Land der Beatles. Er konnte den FDJ-Mief nicht länger ertragen. Ingo wollte weg, in ein freies Land. Bei der Musterung zum Wehrdienst verpflichtete er sich für drei Jahre zur NVA und äußerte den Wunsch, seinen »Ehrendienst« an der Westgrenze absolvieren zu dürfen. Auge in Auge mit dem Klassenfeind. Die Genossen klopften dem jungen Mann mit dem vermeintlich knallharten Klassenstandpunkt auf die Schulter und schickten ihn zur DDR-Staatsgrenze an die Elbe.

Als Ingo alles wußte, was er wissen wollte, ließ er den Schlendrian raushängen, wurde degradiert und nach 18 Monaten wegen Unzuverlässigkeit in Unehren entlassen. In Uniform wollte er nicht fliehen. Einerseits konnte er nicht wissen, wie der jeweils zweite Mann der Grenzstreife reagieren würde. Er wollte nie vor der Alternative stehen: schießen oder erschossen werden. Andererseits wurden Fahnenflüchtige von der DDR nicht amnestiert. Er hätte also seine Eltern mit Sicherheit nie wiedersehen können.

Kaum hatte Ingo die Uniform abgelegt, bewegte er sich wieder in Richtung Grenze. Das war im Mai 1975. Diesmal ging er nicht zum Dienst, sondern kroch auf allen Vieren durch die Nacht. Er robbte über ein Minenfeld, kletterte über Stacheldrahtzäune und erreichte die Elbe. Mit einer Luftmatratze überquerte er ungesehen den Fluß.

Nach Ingos Flucht wurde sein jüngster Bruder Holger permanent von der Staatssicherheit umworben. Doch Holger wollte nicht als Handlanger für die Stasi arbeiten. Das MfS stellte ihn beruflich auf ein Abstellgleis. Holger hatte immer weniger Lust, in einem Land zu leben, in dem Denunzianten Karriere machen und anderen Steine in den Weg legen konnten. Außerdem wollte auch er frei reisen.

Die Flucht seines Bruders Ingo lag Jahre zurück und war in dieser Form nicht zu wiederholen. Honecker hatte die deutsch-deutsche Grenze festungsartig ausbauen lassen. Ingo mußte Fluchthilfe aus dem Westen leisten. Der ältere Bruder ließ von einer Rentnerin ein Funkgerät nach Ostberlin schmuggeln. Bruder Holger trainierte mit einem Freund am Stadtrand von Ostberlin Armbrust-Schießen.

Im März 1983 schossen sie nachts einen Pfeil mit einer dünnen Leine vom Bodenfenster eines Grenzhauses in Berlin-Treptow nach Neukölln in Westberlin. Mit Ingos Hilfe aus dem Westen zogen sie ein Stahlseil über die Mauer. Holger und sein Freund hängten Rollen ans Seil. Unbemerkt fuhren sie mit dieser Seilbahn über den Todeszaun.

Glücklich im Westen angekommen, zog Holger zu Ingo nach Köln. Gemeinsam betrieben sie die Szene-Kneipe »Al Capone«. Jetzt fehlte nur noch Bruder Egbert. Dieser war lange unentschlossen. Die Idee, ihn nachzuholen, war Ingo und Holger gekommen, als ihnen im Jahr 1984 zufällig ein »Playboy« in die Hände fiel. Da wurde mit einem Foto ein kleiner Zwei-Mann-Helikopter vorgestellt. Holger spontan: »Wir holen Ecki mit dem Hubschrauber raus.«

Sie schickten den Freund Peter Jende aus Köln zu Bruder Egbert nach Ostberlin. »Willst du dich von deinen Brüdern rausfliegen lassen?« fragte der Freund aus Köln. Egbert sagte spontan: »Ja!« Und nach einer kurzen Denkpause: »Aber meine Brüder können doch gar nicht fliegen.«

Ingo und Holger fuhren im Jahr darauf zur Messe nach Hannover, um Kontakt mit dem Hubschrauber-Hersteller aufzunehmen. Doch der hatte nur einen Prototyp ausgestellt, der noch nie geflogen war. Und es stand in den Sternen, ob der Mini-Hubschrauber je abheben würde. Enttäuscht ließen Ingo und Holger die Idee fallen.

Wieder mischte der Zufall die Karten. Im Sommer 1985 beobachteten die Brüder in Valenciennes, Frankreich, wie ein deutscher Sportflieger-Club Flugdrachen und Mini-

Flugzeuge startete. Alles sah spielend leicht aus. Und die kleinen Flugzeuge brauchten nicht mal eine Betonpiste zum Abheben. Eine Wiese reichte völlig aus.

Daraufhin reisten Ingo und Holger 1986 nach Aidlingen in Baden-Württemberg und besuchten die Firma Comco-Ikarus, einen Hersteller von Ultraleicht-Flugzeugen. Geschäftsführer Rolf Lieb wollte wissen, warum jeder der beiden ein Flugzeug kaufen wolle. Beide konnten doch nicht fliegen. Ingo und Holger weihten ihn ein.

Firmenchef Lieb war beeindruckt von den geheimen Plänen der Brüder Bethke: »Die Kommunisten können Mauern bauen, so hoch sie wollen; die Menschen werden sie immer überwinden.« Der Flugzeugbauer ermahnte sie jedoch: »Ihr müßt fliegen können wie Buschpiloten in Afrika!«

Trotz aller Warnungen kauften die Brüder 1987 ein UL-Flugzeug vom Typ »Ikarus VOX II« für 24 000 DM. Der kleine, offene Zweisitzer wird von einem 37 PS starken Zweizylinder-Zweitakt-Reihenmotor Bombardier Rotax angetrieben. Er kann mit einer Nutzlast von etwa 200 Kilogramm abheben, braucht dazu aber eine 80 Meter lange und ebene Startbahn. Das könnte, bei einer illegalen Landung jenseits des Todesstreifens, tragische Folgen haben. Auf Empfehlung des Herstellers legten sie noch 3000 DM drauf und tauschten den Serienmotor gegen eine 64-PS-Maschine des gleichen Typs. Dadurch verkürzt sich die Länge der Startbahn auf etwa 50 Meter.

Die Brüder Bethke schmiedeten folgenden Plan: Sie fliegen mit je einem Flugzeug über die Grenze nach Ostberlin. Holger bleibt in der Luft, sichert das Gelände und hält Funkkontakt. Derweil landet Ingo mit der stärkeren Maschine in der DDR. In Sekunden muß Bruder

Egbert an Bord springen. Dann soll der Flieger sofort wieder starten.

Doch der Besitz eines Flugzeugs qualifiziert noch niemanden zum Piloten. Ingo meldete sich im Sommer 1987 bei der UL-Flugschule in Lützenlinden nahe Gießen an. Er begann eine theoretische und praktische Ausbildung zum UL-Flieger. Nachdem er seine erste Stunde im Alleinflug absolviert hatte, sah ihn die Flugschule nie wieder.

Er hatte keine Zeit und kein Geld mehr. Immerhin mußte auch noch sein Bruder Holger das Fliegen lernen. Ingo wußte aus den wenigen theoretischen Stunden, die er absolviert hatte, daß man in Deutschland nur mit Flugschein und auf einem für ULs zugelassenen Flugplatz starten darf. Er würde also, wollte er in Deutschland trainieren, wider besseres Wissen gegen ihm bekannte Gesetze verstoßen.

Also packten beide den Flieger auf einen PKW-Anhänger und fuhren nach Belgien. Es mußte ja in Belgien nicht zwangsweise alles so streng sein wie in Deutschland. Sie mutmaßten zwar, daß es im europäischen Nachbarland auch verboten ist, ohne Flugschein zu fliegen. Sicherheitshalber fragten sie aber nicht erst nach.

Im Sommer 1987 überquerten sie an einem Samstagabend die Grenze. Nachts montierten sie am Rande eines Feldes das Flugzeug. Niemand dort ahnte, daß zwei ehemalige DDR-Bürger in dieser Nacht Vorbereitungen trafen, den Luftraum unsicher zu machen. Die Bauern aus den umliegenden Dörfern schliefen sonntags aus, die NATO-Luftraumüberwachung wahrscheinlich auch.

Im ersten Morgenlicht war der UL-Flieger startklar. Der Ex-Flugschüler Ingo startete zum ersten illegalen Alleinflug. Der Flieger hob ab. Ingo drehte ein paar Runden und

Die Brüder Ingo und Holger Bethke trainierten seit Sommer 1987 regelmäßig mit ihrem Ultraleicht-Flugzeug in Belgien.

versuchte zu landen. Dabei setzte der unerfahrene »Pilot«
zu hart auf, und das Fahrwerk brach weg. Weiter geschah nichts. Die zwei unerschütterlichen Brüder nahmen
es gelassen.

In Köln bestellten sie Ersatzteile und reparierten die
Alu-Achsen des Fahrwerks. Am folgenden Wochenende
waren sie wieder nachts in Belgien. Im Schutz der Dunkelheit setzten sie den Flieger zusammen und montierten
die Seilzüge. Dann folgte der erste Flugversuch zu zweit.

Als es langsam hell wurde, schoben sie die Maschine
auf die Wiese. Gleich daneben war ein reifes Kornfeld.
Niemand war zu sehen oder zu hören. Ingo setzte sich
ans Steuer, Holger rechts daneben. Ingo startete die Maschine und gab Gas. Das Flugzeug beschleunigte. Ingo
zog den Steuerknüppel. Der Flieger hob ab. Plötzlich zog
die Maschine nach rechts. Ingo drückte zum Ausgleich

das Seitenruder nach links. Doch die Maschine drehte noch mehr nach rechts, genau in Richtung Kornfeld. Ingo trat das Seitenruder mit ganzer Kraft nach links. Die Maschine flog eine steile Kurve nach rechts und krachte kopfüber ins Kornfeld. Nur die Schwanzflosse ragte noch aus dem Getreide heraus.

Ein Schwarm Krähen flog auf. Ingo und Holger krochen aus dem Kornfeld und wischten sich die Muttererde aus dem Gesicht. Ingo zündete sich eine Zigarette an und betrachtete das kopfstehende Flugzeug im Acker. In diesem Moment erkannte er den kleinen Fehler mit verheerenden Folgen: Er hatte in der Dunkelheit die Seilzüge für das Seitenruder über Kreuz montiert. »Ist wohl ein bißchen dumm gelaufen«, war sein kurzer Kommentar.

»Ich fürchte, das packen wir nie«, antwortete Bruder Holger.

Sie sammelten den Schrott ein und verschwanden, bevor jemand etwas bemerkte.

Trotz dieser wenig erfolgreichen Flugversuche kauften sich die Brüder einen zweiten Flieger vom Typ »Ikarus VOX II«. Der Flugzeugbauer zeigte wieder viel Verständnis für die tollkühnen Männer und überließ ihnen diese Maschine zum Herstellerpreis von 12 000 DM.

In Köln reparierten sie das abgestürzte UL-Flugzeug. Eine Woche später waren sie in der Nacht zum Sonntag wieder auf dem Acker in Belgien. Der Fehler mit den vertauschten Seilzügen passierte nie wieder. Ingo wurde immer sicherer, und die Landungen gelangen ihm besser. Der frisch gebackene »Pilot« Ingo mußte nun Bruder Holger das Fliegen beibringen.

Über 100 Starts und Landungen übten die beiden jeweils im Morgengrauen auf einer belgischen Wiese. Daß keine zivile oder militärische Kontrolle davon Wind bekam, erschien ihnen wie ein Wunder. Zunächst flogen sie zu zweit auf einer Maschine, dann jeder mit seiner. Ingo, der die größere Erfahrung hatte, steuerte das stärker motorisierte Flugzeug, weil er damit in der DDR landen und den Bruder aufnehmen sollte.

Probleme bereiteten immer wieder die Achsen. Oft brachen sie beim Aufsetzen weg, und die Landung mißglückte. Im Laufe eines Sommers passierte es fünfmal. Entweder lag es an der unebenen Wiese oder an ihrer unzureichenden Flugausbildung. Beiden war klar: Bei einer Landung in der DDR darf keine Achse brechen. Der Flieger könnte dann nicht sofort wieder starten. Es wäre eine Katastrophe.

Ingo und Holger lösten das Problem auf ihre Art. Ohne sich um Statik oder luftfahrtgeprüfte Materialien Gedanken zu machen, beschafften sie sich vom Metallhandel passendes Alu-Rohr, sägten die Originalflugzeugachsen ab und schraubten dicke Rohrstücke an, die der härtesten Landung standhalten sollten.

Um das Jahresende 1988 fühlten sie sich in der Handhabung der Flugzeuge halbwegs sicher. Leider wußten im Umfeld schon zu viele Leute von dem kühnen Fluchtplan. Und es mußten, um ihn zu realisieren, noch mehr Personen einbezogen werden.

Vor allem mußte Bruder Egbert in der DDR in die Details des Unternehmens eingeweiht werden, das ihn in die Freiheit bringen sollte. Peter Jende, der Freund aus Köln, wurde wieder als Kurier auserwählt. Während einer Besuchsreise im Herbst 1988 schmuggelte er ein Funkgerät in die DDR und übergab es Egbert Bethke. Gemeinsam inspizierten sie eine mögliche Landepiste am sowjetischen Ehrenmal in Berlin im Treptower Park.

Die Informationen, die Peter Jende über den möglichen Landeplatz zurückbrachte, waren den Brüdern Bethke zu dürftig. Gibt es da vielleicht doch eine Freileitung? Oder eine Bodenwelle? Und wo sind die Maulwurfshügel?

Jede übersehene Kleinigkeit konnte das Unternehmen zum Scheitern bringen. Ingo und Holger wurde klar: Nur sie selbst können vor Ort einschätzen, ob eines ihrer Flugzeuge im Treptower Park landen und sofort wieder starten kann.

Aber wie kommt man unbemerkt zum Treptower Park, wenn man in der DDR auf der Fahndungsliste steht? Wieder kam ihnen der Zufall zu Hilfe. Sie lernten einen Mann aus Hamburg kennen, der Holger sehr ähnlich sah. Obwohl schon zu viele vom Fluchtplan wußten, wurde auch dieser neue Freund eingeweiht. Er spielte mit und »verlor« seinen Reisepaß. Als er einen neuen beantragte, gab er anstelle des eigenen Paßfotos ein Lichtbild von Holger ab. Die Beamtin des Ordnungsamtes merkte nichts.

Holger wußte, in welche Gefahr er sich begab, als er vom Bahnhof Zoo die S-Bahn in Richtung Friedrichstraße nahm. Mit falscher Identität reiste er in die DDR ein. Plötzlich stand er wieder in dem Land, aus dem er vor fünf Jahren geflohen war. Was würde geschehen, wenn er plötzlich einem Bekannten begegnete? Oder gar seinen Eltern? Sie arbeiteten im Staatsapparat. Bloß nicht darüber nachdenken. Das Land war voller Spitzel. Jedes unerwartete Zusammentreffen könnte ihn in die Hände der Stasi geraten lassen.

Er wechselte mehrmals die öffentlichen Verkehrsmittel und erreichte unerkannt den Treptower Park. Dort sah er nach fünf Jahren seinen Bruder Egbert wieder. Sie sprachen über Details des Fluchtplanes. Vor allem interessierte sich Holger für die Wiesen rund um das sowjetische Ehrenmal. Rasenkanten, Maulwurfshügel und die Tiefen von Pfützen mußten untersucht werden. Nur keine Notizen machen. Im Kopf fügte er alle Informationen wie zu einer Karte des Geländes zusammen.

Abends betrat er wieder die Grenzübergangsstelle am S-Bahnhof Friedrichstraße. Hatte ihn jemand beobachtet? Wenn ja, könnte die Stasi jetzt zuschlagen. Er reihte sich in die Schlange zur Ausreise nach Westberlin ein. Er schob den Paß des Freundes durch den Sehschlitz. Der Offizier sah ihn kurz an und verglich sein Gesicht mit dem auf dem Paßfoto. Dann legte er den Paß unter ein Lesegerät. Das Dokument und alle Stempel waren echt. Daß die Person in Wirklichkeit eine andere war, konnte der Mann nicht feststellen. Holger durfte zum Bahnsteig gehen. Erst als er in der S-Bahn saß und über die Spree gen Westen fuhr, atmete er erleichtert auf.

In Westberlin sagte er zu Ingo: »Die Piste ist nicht gut. Aber du wirst es schaffen.« Holger fuhr ein zweites Mal inkognito in die DDR und traf sich wieder mit Bruder Egbert im Treptower Park. Inzwischen wußte er präzise, wo das Flugzeug landen müßte. Er prägte sich den Abstand zu Bäumen und Büschen sowie die Himmelsrichtungen ein. Bei einer riskanten Landung sollte die Windrichtung stimmen. Zur Sicherheit schritt er noch die Länge der »Rollbahn« ab.

Mit Egbert vereinbarte er einen Code für künftige Telefonate. Die Floskel »Ulrike ist gesund« sollte bedeuten: Die Flugzeuge sind startklar, die Windrichtung stimmt, wir kommen. »Ulrike ist krank« meinte: Die Witterungsbedingungen sind nicht optimal, oder es gibt sonstige Probleme in Westberlin.

Die Fluchtaktion konnte beginnen. Aber schon der

Transport der Fluchtvehikel aus Köln nach Berlin konnte nur unter größten Schwierigkeiten bewerkstelligt werden: Ingo und Holger durften nicht im Transit reisen. Und noch komplizierter: Wie sollte man in Westberlin zwei Flugzeuge durch den Zoll bekommen, wo es in der geteilten Stadt doch streng verboten war, ein Sportflugzeug einzuführen, geschweige denn zu benutzen? Die Brüder fanden eine Kölner Spedition, die, gemäß Transitabkommen, einen »LKW mit Zollanerkennung« durch die DDR fahren durfte. Beide Flugzeuge wurden zerlegt und in Köln in den LKW geladen. Der Zoll in Köln verplombte die als »Sportgeräte« deklarierte Fracht für den Transit.

Wer sollte das alles bezahlen? Mit dem Kauf der Flugzeuge und den Fahrten nach Belgien hatten sich die Brüder finanziell bereits übernommen. Jetzt rannen ihnen die Hundertmarkscheine nur so zwischen den Fingern hindurch. Sie mußten ihre Kneipe »Al Capone«, mit der sie ihren Lebensunterhalt bestritten, wieder verkaufen.

Doch jetzt wurde es trotz finanzieller Schwierigkeiten ernst. Günter Duda, ein Freund aus Köln, fuhr den LKW nach Westberlin. Ingo und Holger flogen hinterher. Es war Anfang Mai 1989. Die Wetterlage war stabil, bestes Flugwetter. Sie steuerten den Lastwagen zum Volkspark Hasenheide im Südosten Westberlins, etwa vier Kilometer Luftlinie vom Treptower Park entfernt. Alles lief wie geplant. Die Aktion konnte starten. Abends rief Holger bei Egbert in Ostberlin an: »Ulrike ist gesund.«

Ab Mitternacht begannen sie, die Flugzeuge zu entladen und aufzubauen. Es war der 11. Mai 1989. Am nächsten Tag sollte in Westberlin der 40. Jahrestag der Luftbrücke unter anderem mit einem Feuerwerk gefeiert werden. Im Schutz der Nacht montierten Ingo und Holger in der Hasenheide die zwei Flieger. Kurz vor 4.00 Uhr stand plötzlich ein Feuerwerker verdutzt vor den Flugzeugen im Park: »Was machen Sie denn hier?«

Holger wollte eine Erklärung stammeln. Doch der Mann schlug sofort Alarm. Minuten später kam die Westberliner Polizei, danach eine alliierte Militärstreife der Amerikaner: »Sportflugzeuge in Berlin? Das verstößt gegen alliiertes Recht! Was haben Sie vor?«

Ingo erklärte: »Wir sind hier nur auf der Durchreise. Wir wollen zu einem Sportflieger-Treffen nach Polen.«

»Und warum laden Sie die Flugzeuge nachts in Berlin aus?«

»Wir hatten auf der Autobahn einen Beinahe-Unfall, mußten scharf bremsen. Die Ladung ist verrutscht. Wir wollen prüfen, ob die Flugzeuge noch in Ordnung sind.«

»Nachts in einem Park?«

»Wir wollen am Vormittag weiterfahren. Vorausgesetzt, die Flieger sind okay. Wenn was kaputt ist, können wir hier noch Ersatzteile nachliefern lassen. In Polen geht das nicht mehr.«

Polizei und Amerikaner protokollierten mißtrauisch und wollten die Story nicht glauben. Holger sah auf die Uhr. Es war 4 Uhr. Bruder Egbert wartete in der DDR im Gebüsch am Treptower Park auf den Flieger in die Freiheit. Vergeblich.

Ingo und Holger wurden aufgefordert, die Flugzeuge einzuladen und an einem gesicherten Ort unterzustellen. Die Brüder hofften, daß sich die Sache damit im Sande verlief. Als sie am Tag darauf eine Zeitung kauften, erstarrten sie vor Schreck. Im Polizeibericht stand: »Junge Männer aus Köln bauten nachts in der Hasenheide zwei

Im Volkspark Hasenheide in Berlin-Neukölln ertappte die Westberliner Polizei die Bethke-Brüder beim Zusammensetzen ihrer Flugzeuge.

kleine Flugzeuge auf. Fliegen wollten sie angeblich nicht.« Wenn die Stasi von dieser Meldung Wind bekommen sollte, dürfte alles zu spät sein.

Der Leihwagen aus Köln kostete 500 DM pro Tag. Also mußten sie ihn zurückgeben und die Flugzeuge irgendwo unterstellen. Wohin mit zwei Sportflugzeugen, wenn es laut alliiertem Recht hier keine geben durfte? Schließlich fanden sie bei der Firma König Motorenbau einen geeigneten Lagerraum. Ingo und Holger zogen ins Hotel. Das Geld rann weiter durch die Finger. Zwei Wochen lang suchten sie in Westberlin nach einem neuen Startplatz.

Es ging dabei nicht nur um eine lange und ebene Piste. Vor allem mußten sie diesmal völlig unbeobachtet zwei Flugzeuge ausladen und montieren können. Wo gibt es in dieser Stadt einen Platz, der sicher ist vor Passanten, Polizei und Militär? Ein zweites Mal würden die Alliierten ihre Story nicht glauben. Schon fürchteten sie die Amerikaner mehr als die Russen.

Ende Mai entdeckten sie in der Nähe des Parkfriedhofes Neukölln den Sportplatz Britzer Mühle, etwa sechs Kilometer Luftlinie vom Treptower Park entfernt. Das 90 Meter lange Fußballfeld reichte für den Start eines Leichtflugzeuges.

Zum Landen war der Sportplatz jedoch ungeeignet. Anflug und Landung erforderten mindestens 150 Meter freies Feld. Doch um den Sportplatz standen hohe Bäume. Für die Landung favorisierten sie die Wiese vor dem Reichstag. Da war Platz genug.

Ingo und Holger beobachteten nachts den Sportplatz. Im Pförtnerhaus brannte Licht. Die Brüder fanden heraus, daß dies nur der Abschreckung potentieller Einbrecher dienen sollte. Tatsächlich war der Sportplatz nachts unbewacht. Vor dem breiten Eingangstor hing eine Kette mit Vorhängeschloß.

Sie brauchten also nur einzusteigen und hinterher wieder abzuschließen. Dann waren sie sicher vor Polizei und Militärpatrouillen. Sie kauften Bolzenschneider und Vorhängeschloß. Holger telefonierte nach Ostberlin: »Ulrike ist gesund.«

Am 25. Mai holten sie mit einem Miet-LKW die abgestellten Flugzeuge ab. Ihr Freund Günter Duda, der eigens dafür nach Berlin geflogen kam, fuhr den Laster. Um 23 Uhr knackten sie mit dem Bolzenschneider das Schloß am Sportplatz Britzer Mühle und fuhren ans hintere Ende des Fußballfeldes. In völliger Dunkelheit entluden sie die zwei Flieger. Der Freund fuhr den Laster weg und versperrte hinter sich das Tor mit Kette und Vorhängeschloß.

Um Mitternacht, als sie sich sicher wähnten, begannen Ingo und Holger mit der Montage der Flugzeuge. Die einzige Taschenlampe war abgedunkelt. Doch sie hatten genug Erfahrungen von ihren nächtlichen Flugübungen in Belgien, und jeder Handgriff saß.

Zuletzt zogen sie ihre Military-Tarnjacken an, auf die sie sowjetische Schulterstücke genäht hatten. Sollten sie in der DDR von einer VoPo-Streife überrascht werden, wollten sie auf Russisch befehlen: »Stoi Towarischtschij! Wsjo charascho. Iditje!« Auf deutsch: »Halt Genossen! Alles in Ordnung. Verschwindet!«

Sie glaubten, kein DDR-Polizist würde daraufhin gegen sie vorgehen, und auf ein Militärflugzeug mit Sowjetstern schießen würde sowieso keiner. Alle hatten Respekt vor den Russen. Am 26. Mai 1989 um 2 Uhr morgens waren sie nun endlich startklar. Der Countdown lief …

Um 4 Uhr werden Ingo und Holger durch Vogelzwitschern aus den Erinnerungen gerissen. Der Tag kündigt sich an. Keiner wagt es, dem anderen seine Angst einzugestehen. Mehrere Jahre haben sie auf diesen Augenblick hingearbeitet. Jetzt wollen sie fliegen. Fliegen für die Freiheit ihres Bruders.

Ingo blickt seinen Bruder kurz an. Holger nickt. Beide setzen die Helme auf und schalten den Sprechfunk ein. Ingo klettert auf seinen Flieger. Er startet die Maschine. Der Motor knattert die Anwohner aus dem Schlaf. Er gibt Gas. Die Maschine ruckelt. Ingo löst die Handbremse. Die Maschine rollt. Nach 50 Metern hat er die Startgeschwindigkeit erreicht. Ingo reißt den Knüppel nach hinten. Der Flieger steigt nach oben. Sekunden später folgt Holger.

Im ersten Morgenrot fliegen zwei Maschinen mit sowjetischem Hoheitszeichen von Westberlin in Richtung Grenze. Wie ein hell erleuchtetes weißes Band liegt vor ihnen die Berliner Mauer – die am schärfsten bewachte Grenze der Welt. Nach wenigen Minuten ist der Todesstreifen direkt unter ihnen und hat plötzlich nichts Bedrohliches mehr. Frei wie Vögel gleiten Ingo und Holger in 200 Meter Höhe darüber hinweg.

»Hallo Ödeldödel, hörst du mich?« ruft Ingo seinem Bruder in der DDR per Funk zu. Er hat ihn 14 Jahre nicht mehr gesehen und weiß nicht mal, ob er ihn wiedererkennen wird.

»Ödeldödel hört euch!« schreit jemand auf der anderen Seite ins Mikro. Alle drei Brüder sprechen und hören auf demselben Kanal.

Keine fünf Minuten später sind die Flugzeuge am Treptower Park. Verflucht! Da hat ein großer sowjetischer Zirkus sein Zelt samt Wagenburg aufgebaut. Doch der ausgesuchte Landeplatz ist noch frei. Hoffentlich schlafen die Artisten noch!

Ingo fliegt voran, Holger dicht hinter ihm. An der ausgesuchten Stelle setzt Ingo zur Landung an. Holger bleibt oben und beobachtet die Umgebung. Sollte Gefahr drohen, kann er das sofort per Funk melden. Wenn Ingo eine Bruchlandung hinlegt, muß auch er runter und ihn rausholen. Doch was passiert dann mit Egbert? Keiner weiß, ob ein Leichtflugzeug auch mit drei Personen abhebt. Versuchen würden sie es, auch wenn Egbert eingekeilt zwischen den Tragflächen hängen müßte.

Ingos Flieger kreist im Bogen langsam nach unten. Er drosselt die Maschine. Ingo schwebt über der Wiese am Treptower Park. Sanft setzt die Maschine auf. Unweit vom sowjetischen Ehrenmal kommt das Flugzeug zum Stehen. Der Propeller läuft weiter. Er dreht die Maschine auf der Stelle und ist sofort wieder startklar in Richtung Westen.

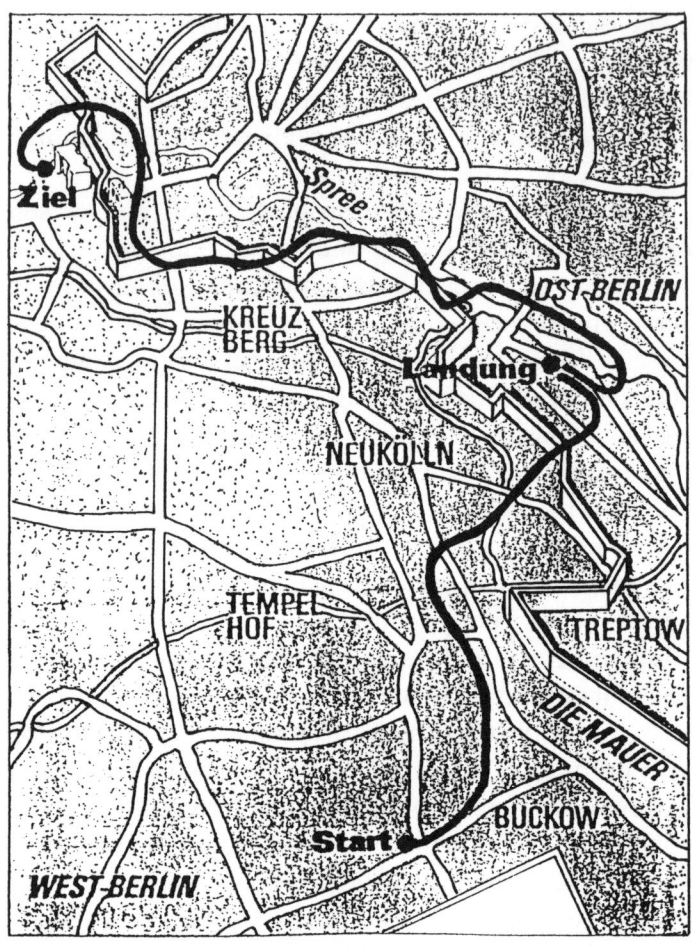

Die Bethkes flogen von Westberlin aus über die Mauer in den Treptower Park, nahmen dort ihren Bruder Egbert an Bord und landeten wieder vor dem Reichstag im Westen.

Sekunden später kommt ein junger Mann im Jogginganzug aus den Büschen gesprungen. Er trägt nur eine kleine Umhängetasche. Ingo weiß nicht, ob es sein Bruder ist. Er denkt: Egal wie der Typ aussieht, das muß er sein.

»Achte auf den Propeller! Steig von hinten ein!« schreit Ingo gegen den Motorenlärm.

Er zieht den Mann auf den Copiloten-Sitz. Egbert will etwas zur Begrüßung sagen. Ingo drückt ihm den Helm auf den Kopf, zeigt auf den Gurt und schiebt das Gas rein. Die Maschine heult. Ingo löst die Bremse. Der Flieger beschleunigt. Er rüttelt über eine holprige Wiese. Als Ingo glaubt, die Geschwindigkeit reicht, zieht er die Kiste hoch.

Verflucht! Sein Bruder, der den Gurt nicht umgelegt hat, klammert sich versehentlich am Steuerknüppel fest. Ingo reißt am Knüppel und zieht die Maschine höher. Die »Ikarus VOX II« steigt steil nach oben in den Himmel von Berlin.

Nach drei Minuten sind die beiden Flugzeuge wieder über der Mauer. Was taugt eine Grenze, wenn man fliegen kann? Sie drehen ab nach Norden und folgen in 200 Meter Höhe dem Verlauf der Grenze. Theoretisch könnte man sie jetzt mit einer Kalaschnikow abschießen. Doch kein Grenzer schießt auf einen Flieger mit Sowjetstern. Genau über dem Todesstreifen fühlen sie sich am sichersten. Sollten die Amerikaner einen Helikopter schicken, würden sie einfach ein paar Meter nach Osten fliegen. Kämen die Russen, würden sie auf die andere Seite abdrehen.

Im Morgengrauen über der Mauer schweben. Das ist für die drei wie ein Rausch. Nach wenigen Minuten sind sie am Brandenburger Tor. Egbert durchlebt sonderbare

Gefühle. Seine Welt, sein bisheriges Leben läßt er hinter sich. Ohne Rückfahrkarte. Sie umrunden im Tiefflug das Brandenburger Tor und landen auf der Wiese vor dem Reichstag. Egbert Bethke ist nun ein freier Mann.

Sie stellen die Flugzeuge ab und verschwinden möglichst schnell. Bloß keinen Ärger mit Polizei und Alliierten. Die drei Brüder verziehen sich in eine Gaststätte, die um diese Zeit schon offen hat. Ein Frühstück, ein Bier, eine Zigarette. Das beruhigt. Ingo und Holger wollen nicht, daß Bruder Egbert, eben erst im Westen angekommen, gleich verhaftet wird.

Gegen 7.30 Uhr treibt sie dann doch die Neugier zum Reichstag. Aus sicherer Entfernung beobachten sie, wie die Polizei die Flieger fotografiert und Spuren sichert. Abends sind die drei Brüder bei ihrem Freund Peter Jende. In den Nachrichten hören sie, daß zwei kleine Militärmaschinen mit sowjetischem Hoheitszeichen vor dem Reichstag gelandet sind. Die Piloten seien flüchtig. Polizei und Staatsschutz bitten um Hinweise aus der Bevölkerung.

Aus Peter Jendes Wohnung meldet sich Ingo beim Polizeiruf 110: »Uns gehören die Flugzeuge vorm Reichstag.« Der Beamte auf der Gegenseite ist so geschockt, daß er nichts zu sagen vermag. Ingo weiter: »Wir wollen heute noch etwas feiern und melden uns morgen persönlich.«

Ingo, Holger und Egbert gönnen sich erst einmal einen netten Abend auf dem Ku'damm und nächtigen in einem Hotel. Was sie nicht ahnen: Schon eine halbe Stunde nach ihrem Anruf war Peter Jendes Haus von der Polizei umstellt. Der Freund kann nur die Wahrheit sagen: »Die sind in irgendeiner Kneipe.«

Am 27. Mai 1989 melden sich drei leicht verkaterte

Das Fluchtflugzeug mit dem aufgemalten sowjetischen Hoheitszeichen wurde vor dem Reichstag von der Westberliner Polizei sichergestellt. Holger, Egbert und Ingo Bethke (v. l. n. r.) nach erfolgreicher Flucht vor dem Kaffee Kranzler am Kurfürstendamm in Westberlin (unten).

Typen auf der Polizeiwache am Bahnhof Zoo: »Guten Morgen. Wir wollen uns stellen. Uns gehören die sowjetischen Flugzeuge vorm Reichstag.«

Den Beamten vom Bahnhof Zoo laufen nicht allzuoft Straftäter freiwillig zu. Als sie feststellen, daß die drei handfesten Jungs eigentlich ganz nett sind, entspannt sich das Verhältnis schnell. Sie rufen die Kollegen vom Staatsschutz. Einen Vormittag lang hören sich die Beamten die spannendste Fluchtgeschichte an, die sie je erfahren haben.

Als es Zeit zum Mittagessen ist, resümiert der Vernehmer: »Wenn alles stimmt, was ihr erzählt, dürft ihr wieder gehen.«

Sechs Monate bleiben die Flugzeuge beschlagnahmt. Im November 1989 erhalten die Bethke-Brüder ihr Eigentum zurück. Heute hängt im Haus am Checkpoint Charlie in Berlin sowie im Haus der Geschichte in Bonn je ein kleines Flugzeug in Tarnfarbe und mit sowjetischem Hoheitszeichen. Die beiden Ultraleicht-Flugzeuge »Ikarus Vox II« sind zu Symbolen ungebrochenen Freiheitswillens geworden.

Eine Chronik weiterer spektakulärer Fluchtfälle (1961–1989)

Es gab weit mehr spektakuläre Grenzdurchbrüche als bekannt. Durch Recherchen in ehemals geheimen Akten des MfS bzw. der DDR-Grenztruppen kommen Fälle ohne Beispiel ans Tageslicht. Während in den frühen Jahren nach dem Mauerbau vor allem unter Berlin Tunnel gegraben wurden, suchten die Flüchtlinge in den 70er und 80er Jahren auch mit selbstgebauten Wasserfahrzeugen und Flugapparaten nach einem Weg in den Westen. Die Fluchtfälle zeugen von Erfindergeist, Mut und ungebrochenem Freiheitswillen.

DDR-Wachboot in Travemünde
25. August 1961: Drei DDR-Seepolizisten bringen das Wachboot »Falke« der Wasserschutzpolizei mit vorgehaltenen Waffen in ihre Gewalt, steuern nach Travemünde und springen von Bord. Die Restbesatzung legt sofort wieder ab und verschwindet in Richtung DDR.

Durch den Gully in die Freiheit
Ende August 1961: Über 100 Personen fliehen in der Berliner Gleimstraße durch einen Gully und die Abwasserkanäle in den Westsektor. Verraten wird der Fluchtweg, als ein 18jähriges Mädchen als letzte absteigt, doch kein Helfer hinterher den Gullydeckel wieder richtig aufsetzt. Danach werden die Abwasserkanäle von Ost- nach Westberlin vergittert und mit Alarmdrähten versehen.

Über ein Grab in den Westen
Ende September 1961: Durch ein Grab auf dem Städtischen Friedhof in Berlin-Pankow fliehen 24 Ostberliner in den Westteil. Gebaut wurde der Tunnel von Westberliner Studenten. Der Einstieg befindet sich auf Ostberliner Seite unter einer Grabplatte, die ver-

schoben werden muß. Verraten wird der Tunnel, weil eine junge Frau auf eigene Faust flieht und einen leeren Kinderwagen am Grab zurückläßt.

Tunnel 28 (benannt nach der Zahl der Flüchtlinge)
Zur Jahreswende 1961/62 gräbt der Kraftfahrer Erwin Becker, unterstützt von seiner Frau, unter der Oranienburger Chaussee im Norden Berlins einen 27 Meter langen, 60 Zentimeter breiten und 110 Zentimeter hohen Tunnel unter den Sperranlagen hindurch. Der Einstieg ist im Keller seines Grenzhauses. In der Nacht zum 24. Januar 1962 fliehen Erwin Becker, Frau Gerda, Bruder Bruno Becker und mit ihnen weitere 25 DDR-Bürger. Drei Stunden nach der Flucht wird der Tunnel entdeckt.

In falschen Kleidern
Frühjahr 1962: Eine junge Frau aus Ostberlin passiert zusammen mit drei Freunden aus dem Westteil der Stadt in einem Pkw unkontrolliert den Checkpoint Charlie. Die drei Männer tragen selbstgeschneiderte Uniformen sowjetischer Offiziere. Die Frau ist im Wagen versteckt. Gemäß Vier-Mächte-Abkommen dürfen Fahrzeuge der Alliierten bei der Grenzkontrolle nicht durchsucht werden.

Sterbend über die Grenze
18. April 1962: Der Ostberliner Klaus Brüske durchbricht mit einem Lkw »S 4000« vom VEB Baustofftransporte am Übergang Heinrich-Heine-Straße die Sektorengrenze. Ein gezielter Schuß durch die Fahrertür trifft ihn. Brüske schafft es noch, seine zwei Mitflüchtlinge in die Freiheit zu fahren. Kurz danach stirbt er.

Der Senioren-Tunnel
5. Mai 1962: Sechs Männer (55, 57, 58, 70, 76 bzw. 81 Jahre) sowie drei Frauen (56, 58 bzw. 68 Jahre) haben unter der Oranienburger Chaussee im Norden Berlins einen 32 Meter langen und 1,75 Meter hohen Tunnel unter der Grenze hindurchgegraben. 16 Tage lang ziehen sie Erde in Eimern herauf und laden sie im Hühnerstall ab. Um 20.30 Uhr wird die Erdoberfläche im Westen durchstoßen – einen Meter hinter dem letzten Grenzzaun. Nach der Flucht sagen die Senioren: »Die Tunnelarbeit hat uns zehn Jahre jünger gemacht.«

121 Schüsse auf einen Jugendlichen

23. Mai 1962: Der 14jährige Schüler Wilfried Tews klettert am Invalidenfriedhof über die Mauer und schwimmt durch den Spandauer Schiffahrtskanal. DDR-Grenzer nehmen ihn unter MPi-Feuer. Soldat Peter Göring feuert noch auf den Schwerverletzten, als er sich schon am Westberliner Ufer festklammert. 121 Schüsse werden auf den Jungen abgegeben, wovon sieben treffen. Um Tews zu retten, erwidern Westberliner Zöllner mit 28 Schüssen das Feuer. Ein Schuß davon tötet den Grenzer Peter Göring. Der geflüchtete Junge überlebt. Die DDR-Propaganda verschweigt die Flucht und macht Peter Göring zum »unerschrockenen Helden«, der angeblich brutal ermordet wurde.

Tunnel 22

18. Juni 1962: Gegen 18.45 Uhr wollen 22 Ostberliner durch einen Tunnel fliehen, der vom Baugelände des Axel-Springer-Hauses in der Kochstraße zum Keller des Grenzhauses Zimmerstraße 56 gegraben wurde. Nur vier Flüchtlinge erreichen Westberlin, darunter der Erbauer des Tunnels, der ehemalige DDR-Bürger Rudolf Müller. Der DDR-Grenzer Reinhold Huhn verstellt den Flüchtenden den Weg zum Grenzhaus und will sie kontrollieren. Rudolf Müller zieht eine Pistole und schießt. Der Gefreite Huhn ist sofort tot.

Während die DDR meldet, der Gefreite Huhn sei vom Fluchthelfer Müller ermordet worden, verbreitet der Westberliner Senat die Version, Huhn sei im Kugelhagel seiner Genossen umgekommen. Nach dem Fall der Mauer muß sich Rudolf Müller als erster Westdeutscher wegen Tötung eines DDR-Grenzsoldaten vor Gericht verantworten. Im April 1999 wird er wegen Totschlags zu einem Jahr auf Bewährung verurteilt. In der Revision vor dem Bundesgerichtshof in Leipzig im Juli 2000 wird zwar das Strafmaß beibehalten, aber der 5. Strafsenat befindet angesichts der »überragenden Bedeutung des Rechtsgutes Leben« in Müllers Fall auf »heimtückischen Mord«.

Tunnel der Internationale

Ein ehemaliger DDR-Häftling, zwei Italiener, zwei Französinnen, eine Holländerin und ein Amerikaner initiieren im April 1962 eine der spektakulärsten Tunnelfluchten. 41 Männer bauen von Jahresbeginn bis September 1962 in fünf Meter Tiefe einen 150

Meter langen Tunnel von der Bernauer Straße 73 (Westberlin) zur Schönholzer Straße 7 (Ostberlin). Am 14. September 1962 kriechen 29 Menschen in die Freiheit, bis der Tunnel durch einen Wasserrohrbruch »ertrinkt«.

Fluchthelfer erschossen

6. Oktober 1962: Die Stasi enttarnt einen Tunnel, der von der Elsenstraße in Neukölln nach Treptow gegraben wurde. Der Westberliner Fluchthelfer wird an Ort und Stelle niedergeschossen.

Über das Eis der Ostsee

23. Februar 1963: Bruno Winneg und Mario Göhring fliehen in weißen Bettlaken ab Boltenhagen über das Eis der Ostsee. Auf halber Strecke stehen sie vor der aufgebrochenen Fahrrinne Travemünde–Trelleborg. Sie steigen ins eiskalte Wasser und schwimmen. Mit letzter Kraft gelingt es ihnen, aus dem Wasser wieder aufs Eis zu klettern. Um in den nassen Sachen nicht zu erfrieren, rennen sie danach im Dauerlauf. Sie erreichen die westdeutsche Küste bei Grömitz.

Im Schützenpanzer gegen die Mauer

17. April 1963: Um 19.45 Uhr versucht der 19jährige NVA-Unteroffizier Wolfgang Engels, die Mauer in der Elsenstraße in Neukölln mit einem sowjetischen Schützenpanzer zu durchbrechen. Das Fahrzeug bleibt in der Mauer stecken. Beim Aussteigen trifft Engels ein Schuß in die Lunge. Der Schwerverletzte schafft es noch, von der Motorhaube auf die Mauer zu klettern und sich auf Westberliner Gebiet fallen zu lassen. Er überlebt.

Paddeln in die Freiheit

19. April 1963: In zwei Paddelbooten fliehen Dieter Rother nebst Schwester, Frau und Kind von Ahrenshoop in Richtung Dänemark. Auf offener See werden sie vom MS »Stör« aus Travemünde aufgenommen.

Cabrio unterm Schlagbaum

4. Mai 1963: Ein 20jähriger Österreicher holt seine gleichaltrige Ostberliner Freundin Margrit Meixner und deren 48jährige schwerkranke Mutter in den Westen. Der Österreicher fährt mit einem Cabrio am Checkpoint Charlie unterm Schlagbaum durch.

BVG-Bus im Kugelhagel

12. Mai 1963: 13 Ostberliner fliehen in einem BVG-Bus in Richtung Sektorenübergang Sandkrugbrücke. 100 Meter vor der Grenze werden sie unter Feuer genommen. Einen Meter vor dem letzten Schlagbaum bleibt das Fahrzeug im Kugelhagel zwischen Teilen der Mauer verkeilt stecken. Neun Flüchtlinge kommen mit erhobenen Armen heraus, vier werden schwerverletzt auf Tragen weggeschafft.

Handgranaten gegen vier Mädchen

8. Januar 1964: Eine Gruppe Westberliner Studenten um den Fluchthelfer Wolfgang Fuchs hat einen Tunnel von der Bernauer Straße 96a (Westberlin) zu einem Kohlenplatz in der Strelitzer Straße 54 (Ostberlin) gegraben. Sie holen vier Ostberliner Mädchen durch den Tunnel, werden aber von einem Kohlenhändler beobachtet. Jener informiert sofort die Stasi. Die anrückenden Grenztruppen werfen vom Osten Handgranaten in den Tunnel.

Als die Granaten explodieren, kommen die Mädchen in letzter Sekunde im Westen an. Sie werden zwar von der Druckwelle umgeworfen, bleiben aber unverletzt.

Hallenser kapern Motorflugzeug

16. April 1964: Zwei junge Männer aus Halle/Saale, die bei der GST Segelfliegen lernen, kapern ein zweisitziges Motorflugzeug der GST. Obwohl sie noch nie ein Motorflugzeug gesteuert haben, gelingt ihnen die Flucht von Halle nach Minden/Westfalen.

Mit einem Düngerstreuer nach Uelzen

17. September 1964: Ein 23jähriger Agrarpilot aus Ostberlin hat den Auftrag, mit einem Düngerstreuer Pflanzenschutzmittel über LPG-Feldern in Mecklenburg zu streuen. Er flüchtet und landet bei Uelzen.

In der Kabelrolle in den Westen

Januar 1965: Westberliner Spediteure schleusen zweimal hintereinander drei Personen in einer präparierten Kabelrolle der Bewag auf einem Fernlastzug in die Freiheit. Die Flüchtlinge steigen nachts auf der Transitstrecke zu.

Ohne Flugschein über den Wolken

21. Oktober 1965: Ein Maschinenschlosser (23) aus Mecklenburg, der noch nie geflogen ist, flieht mit einem einmotorigen Flugzeug und landet auf einer Wiese in Schleswig-Holstein.

Planierraupe gegen Mauer

Sommer 1966: Zwei junge Ostberliner rücken mit einer Planierraupe gegen die Mauer an. Die Grenzer eröffnen das Feuer. Die Raupe fährt steil an der Mauer hoch und wälzt sie nieder. Im Kugelhagel fahren die Flüchtlinge leichtverletzt in die Freiheit.

»Klaus Störtebecker« und »Sirius« segeln davon

Die schwersten Fluchtfälle im Sommer 1968 sind die erfolgreichen Grenzdurchbrüche der DDR-Segelyachten »Klaus Störtebecker« (im Juli, vier Personen) und »Sirius« (im August, sieben Personen).

Luftpiraterie

19. Oktober 1969: Die Ostberliner Mechaniker Peter Klemt (24) und Ulrich von Hof (19) zwingen eine Passagiermaschine der polnischen Fluggesellschaft LOT zur Landung in Berlin-Tegel. Ein Gericht der französischen Alliierten in Westberlin verurteilt sie wegen Gefährdung des Transportverkehrs und Nötigung zu zwei Jahren Haft. Anfang 1970 werden sie entlassen.

24 Stunden im Wasser

24. Juli 1971: Der Rostocker Urologe Peter Döbler durchschwimmt nach zwei Jahren Training die Ostsee von Kühlungsborn nach Fehmarn. In 24 Stunden legt er 48 Kilometer zurück!

Flucht im Zollboot

24. Oktober 1971: Der DDR-Zöllner Jörg Wieck und der Werftarbeiter Klaus Hagedorn fliehen mit ihren Familien (insgesamt sechs Personen) im gekaperten Zollboot »ZB 302« von Barth nach Dänemark.

Der letzte Tunnel

Zwischen Weihnachten und Neujahr 1971/72 graben die Ostberliner Manfred und Peter Höer sowie Peter Schöpf von einer ungenutzten Baracke in der Nähe des Checkpoint Charlie aus, in der sie das Erdreich ablagern, einen Tunnel. Sie arbeiten in unmittelbarer Nähe des scharf bewachten Grenzübergangs. Nach 21 Metern harter Grabungsarbeit kommen sie in Westberlin an die Erdoberfläche.

»Meister des Sports« fliegt davon

23. Juni 1973: Udo Elke (32), mehrfacher DDR-Meister im Segelflug, flieht während der DDR-Segelflugmeisterschaften in Neustadt-Glewe (Mecklenburg). Mit dem polnischen Sperrholz-Segelflieger »Foka« überfliegt er die Grenzanlagen an der Elbe und landet nach 380 (!) Kilometern südlich von Soest in Westfalen.

Segelyacht aufgegriffen

30. August 1973: Familie Mau (zwei Erwachsene, zwei Kinder) verläßt mit der Segelyacht »Sadine« die DDR-Hoheitsgewässer in Höhe Rügen nach Osten. Auf freier See setzen sie die bundesdeutsche Flagge. Die Flüchtlinge werden von DDR-Kriegsschiffen aufgebracht.

Flucht im Schlauchboot gescheitert

18. August 1974: Thorvald Greif, der von einer Westreise nicht zurückkehrte, will seine Familie im Schlauchboot nachholen. Er fährt von Bornholm nach Usedom, verfehlt aber nachts den Treff mit seiner Frau und den zwei Mädchen. Greif wird am Strand festgenommen, wenige Stunden später seine Frau. Die Eltern werden verurteilt. Die Mädchen müssen ins Heim.

Im »Autoplastboot« in die Freiheit

13. Oktober 1974: In einem kleinen offenen Kunststoffboot, in der DDR Autoplastboot genannt, flieht der in Prerow wohnhafte Zahnarzt Dieter Dirk mit Frau und zwei Kindern bei dichtem Nebel über die Ostsee nach Dänemark. Sie bringen das Boot vormittags um 10.30 Uhr ins Wasser und werden nicht entdeckt.

Lehrerin fliegt davon

5. März 1975: Eine 23jährige Lehrerin flieht mit einer Kunstflugmaschine von Leipzig aus. Sie landet nochmals in der DDR und nimmt bei Eisenberg einen 48jährigen Kfz-Meister an Bord. Ohne Zwischenfälle überfliegen sie die Grenze und landen in Bayern.

Alarm auf der Ostsee
15. Juli 1975: Der Rostocker Segelmacher Willi Gaeth, seine Frau und zwei Kinder fliehen mit der Segelyacht »Tornado« ab Darßer Ort auf die freie See. Die Yacht wird vom Wachboot BG 14 des Bundesgrenzschutzes in Schlepp genommen und kurz darauf von DDR-Grenzschiffen verfolgt. Es kommt zu einer militärischen Auseinandersetzung um den Schleppzug. Erst als von westlicher Seite Schnellboote und Kampfhubschrauber an den Einsatzort geschickt werden, gibt die DDR die Verfolgung auf.

U-Boot in der Elbe
1. Februar 1976: Manfred und Adelheid Augustin versuchen, in einem selbstgebauten U-Boot ab Wittenberge elbabwärts zu fliehen. Der Turm des U-Bootes wird von Binnenschiffern entdeckt. In vorauseilendem Gehorsam hindert die Crew des DDR-Eisbrechers »Anklam« das U-Boot an der Weiterfahrt. Die Flüchtlinge werden festgenommen.

Tragisches Ende einer Familienflucht
9. März 1977: Familie Sender (fünf Personen) flieht in zwei Paddelbooten von Kühlungsborn aus auf die offene See. Der Vater mit den zwei Töchtern kentert; alle drei ertrinken. Frau Sender und der Sohn werden gerettet.

Landung beim britischen Militär
9. April 1978: Zwei Brüder fliehen mit einem Sportflugzeug der GST und landen auf dem britischen Militärflughafen in Berlin-Gatow.

Flucht im Düngerstreuer
Zwei Maschinenbauingenieure und ein Arzt fliehen am 12. Juni 1978 in einem einmotorigen Düngerstreuer und landen bei Braunatal im Kreis Kassel.

LOT – landen oft Tempelhof
30. August 1978: Die DDR-Bürger Hans-Detlev Tiede und seine Bekannte Ingrid Ruske zwingen eine polnische Verkehrsmaschine vom Typ TU 134 mit 63 Personen an Bord auf dem Flug von Danzig nach Berlin-Schönefeld zur Landung in Tempelhof. Spontan bleiben sechs weitere DDR-Bürger im Westen.

Der Name der polnischen Fluggesellschaft wird in der Folgezeit häufig scherzhaft von »landen oft Tempelhof« abgeleitet.

Ehepaar flüchtet im Agrarflieger

30. November 1978: Ein 27jähriger Diplomingenieur aus Karl-Marx-Stadt und seine gleichaltrige Frau flüchten ab Eisleben in einem Agrarflugzeug. Sie landen in Bad Lauterberg im Harz.

In 2000 Metern über die Grenze

14. Mai 1979: Ein 31jähriger GST-Segelflieger aus Suhl beginnt in 2000 Meter Höhe seine Reise in den Westen. Mit dem in Polen gebauten Segelflugzeug »Pirat« überfliegt er die Sperranlagen außerhalb jeder Schußweite. Er landet bei Coburg in Oberfranken.

Vier Personen im Düngerstreuer

31. Juli 1979: In einem Düngerstreuer ZLIN 37 startet ein 29jähriger Agraringenieur in der Nähe von Magdeburg zur Flucht. Er versprüht die Ladung und riskiert eine Zwischenlandung auf einem Feld. Dort nimmt er seinen fünfjährigen Sohn, eine 32jährige Krankenschwester und deren 16jährige Tochter auf. Die Frau kriecht in den Düngemitteltank, die Kinder in eine kleine Kapsel dahinter. Sie überqueren die Grenze im Tiefflug und landen auf einem Kleefeld bei Klein Vahlberg, nahe Wolfenbüttel.

DDR-Wachschiff auf Westkurs

5. August 1979: Bodo Strehlow, E-Maat bei der Grenzbrigade Küste, bringt ein Minensuch- und -räumschiff mit vorgehaltener MPi in seine Gewalt und gibt Vollgas in Richtung Westen. Mit Handfeuerwaffen und Handgranaten erobern die Offiziere das Schiff zurück. Strehlow überlebt schwerverletzt und wird zu lebenslänglicher Freiheitsstrafe verurteilt. Im Hochsicherheitstrakt Bautzen kommt er in Isolationshaft. Westlichen Politikern und Hilfsorganisationen gelingt es nicht, Strehlow freizukaufen oder auszutauschen. Erst nach dem Fall der Mauer, nach zehn Jahren und drei Monaten, ist Strehlow wieder ein freier Mann.

Familienflucht im Tiefflug

24. August 1979: Eine Familie aus Dresden flieht in einer Motormaschine der GST. Der Familienvater, ein Segelflieger, der nie ein Motorflugzeug gesteuert hat, bemächtigt sich bei Annaberg der

Maschine. Mit Frau und zwei Söhnen überquert er im Tiefflug die Grenze und landet im oberfränkischen Landkreis Kronach auf dem Acker.

Katastrophe vor Rügen

10. September 1979: Der wahrscheinlich tragischste Fluchtfall ereignet sich vor der Insel Rügen. Die Brüder Balzer mit Familie (zwei Ehepaare, ein Kleinkind) setzen sich mit Paddelbooten, die sie vermutlich zu einem Katamaran zusammengebaut hatten, ab und werden von schwerem Wetter überrascht. DDR-Fischtrawler finden drei Leichen in ihren Netzen, die vierte wird bei Rügen angeschwemmt. Es gilt als sicher, daß alle fünf Personen tot sind.

Acht Personen im Ballon

16. September 1979: Die Familien Strelzyk und Wetzel, insgesamt vier Erwachsene und vier Kinder, fliehen in einem selbstgenähten Heißluftballon vom thüringischen Oberlemnitz (zwölf Kilometer vor der Grenze) ins bayerische Naila (zehn Kilometer westlich der Grenze). Die Flucht dauert 28 Minuten.

Flucht im Schlauchboot

Juli 1980: Drei Mediziner aus Greifswald fliehen in zwei Schlauchbooten mit Außenbordern von Rügen in Richtung Bornholm. Sie werden von einem dänischen Schiff aufgenommen.

Im Hochdecker nach Hof

16. Juli 1980: Ein 33jähriger Diplomingenieur und ehrenamtlicher Fluglehrer bei der GST startet mit einem einmotorigen polnischen Hochdecker vom Typ »Wilja« auf dem Flugplatz Leipzig-Mockau in Richtung Süden. 50 Minuten später landet er auf einer Wiese bei Hof.

Fluchtversuch im U-Boot

27. August 1980: Der Rostocker Schiffselektroniker Walter Gerber will in einem selbstgebauten U-Boot vom Salzhaff bei der Halbinsel Wustrow aus fliehen. Weil das U-Boot technische Mängel aufweist, versenkt er es. Am 1. Oktober wird Gerber verhaftet und in einem Geheimprozeß zu vier Jahren und sechs Monaten verurteilt. Nach vier Jahren gelingt es der Bundesregierung, Walter Gerber freizukaufen.

Im Jollenkreuzer nach Bornholm

12. September 1981: Die Familien Wolfgang Buske und Rolf Riesbeck (sechs Personen) aus Greifswald fliehen mit einem Jollenkreuzer in Richtung Bornholm. Bei schwerer See werden sie 16 Meilen südlich von Bornholm von einem Travemünder Boot aufgenommen.

Flucht unterm Treibeis

Februar 1986: Zwei Schlosser aus Magdeburg (22 bzw. 25 Jahre) beschaffen sich von der Armee gummierte Schutzanzüge sowie Taucherbrillen und Schnorchel. Am 25. Februar 1986 ist es so kalt, daß auf der Elbe dicke Eisschollen treiben und kein Wachboot mehr fahren kann. Die Flüchtlinge fahren nachts bis etwa zehn Kilometer vor den Grenzübergang Cumlosen, steigen ins eiskalte Elbwasser und lassen sich unter der Wasseroberfläche mit den Eisschollen treiben. Hinter Cumlosen kommen sie zwischen den Eisschollen wieder hoch und klettern am westseitigen Ufer an Land.

Flugzeug in Flammen

Von 1983 bis 1986 bauen Guntram und Johanna Erbe aus Neudietendorf, Bezirk Erfurt, in einem ehemaligen Pferdestall ein Motorflugzeug mit 12,50 Meter Spannweite und einem auf 70 PS frisierten Wartburg-Motor. Im Februar 1986 versuchen sie, den Flieger binnen einer Nacht auf einer Wiese zusammenzubauen und zu starten. Sie schaffen es nicht bis zum Morgengrauen. Auch ein zweiter Versuch in der folgenden Nacht scheitert. Bei Tagesanbruch verbrennen sie das Flugzeug. Ihr Fluchtversuch bleibt unentdeckt.

Ballon-Flucht scheitert

10. April 1986: Ein Maschinenbauer (24) und ein Maler (34) aus dem Kreis Löbau haben sich in dreijähriger Arbeit einen Heißluftballon mit 27 Meter Umfang und Propangasbrenner gebaut. Wenige Tage vor dem Start äußert ein Stasi-Spitzel einen vagen Verdacht. Das MfS läßt sofort Wohnung und Nebenräume konspirativ durchsuchen und findet den Ballon.

Antragsteller bauen Fluggleiter

April 1986: Ein Kfz-Schlosser (46), eine Verkäuferin (46) und ein Kraftfahrer (48) aus dem Kreis Döbeln haben seit Jahren Ausreiseanträge gestellt, die nicht bearbeitet werden. 1981 bauen sie einen Hubschrauber. Wegen technischer Mängel versenken sie ihn in einem Fluß. Fortan bauen sie sich Fluggleiter, um damit von einem Berg im Raum Plauen in die Bundesrepublik zu segeln. Sie werden vom MfS bespitzelt und am 28. April 1986 inhaftiert.

Hubschrauber gegen Motorboot

10. August 1986: Ein Kraftfahrer (44) und dessen Söhne (19 bzw. 14 Jahre) aus Eberswalde fliehen ab Zingst/Darß in einem offenen Motorboot Richtung Dänemark. Ein ziviler Spitzel sah, daß nachts ein Boot auf einem Pkw-Anhänger zur Küste transportiert wurde. Ein Kampfhubschrauber der Volksmarine nimmt die Verfolgung auf. Die Flüchtlinge werden auf See entdeckt und durch Tiefflug so lange am Weiterfahren gehindert, bis ein DDR-Kriegsschiff vor Ort ist.

MfS entdeckt Flugdrachen

Herbst 1986: Ein Heizer (31) und eine Montiererin (29) aus Berlin bauen seit einem Jahr in ihrer Berliner Wohnung einen Flugdrachen. Im Herbst 1986 wollen sie damit ab Groß Ziethen (Bezirk Potsdam) nach Westberlin fliehen. Aufgrund von bei der Postkontrolle gewonnenen Informationen schöpft das MfS einen Verdacht und veranlaßt eine konspirative Besichtigung der Wohnung. Dort finden sie den rohbaufertigen Flugapparat.

Drachenflug vom Hochhaus

10./11. November 1986: Zwei BMSR-Techniker (27 bzw. 30 Jahre) aus Berlin sehen in der Zeitschrift »Sputnik« das Foto eines Fluggleiters. Aus Alu-Rohr und Segeltuch bauen sie den Flugapparat nach. Im Kreis Bad Freienwalde probieren sie nachts ihre Drachen aus. In der Nacht zum 11. November schmuggeln sie die Flugapparate auf das Dach eines Hochhauses in Berlin-Mitte. Der erste Flüchtling tritt über die Dachkante und segelt. Er schafft es jedoch nicht bis Westberlin, sondern landet in einem Schulhof vor der Grenze. Daraufhin lassen beide ihre Flieger liegen und flüchten in die ČSSR. An der Grenze zur BRD werden sie verhaftet.

Gepanzerter LKW unter Feuer

11. November 1986: Zwei Schlosser (30 bzw. 29 Jahre) aus Querfurt panzern einen betriebseigenen Lkw »Kras« und fliehen über Nordhausen in Richtung Grenze. Sie passieren vor dem Grenzgebiet eine unbesetzte Kontrollstelle der VP. Bei Rothesütte im Harz durchbrechen sie ein Tor im ersten Grenzzaun. Die Grenzer feuern auf den »Kras«. Der Lkw durchbricht auch den zweiten Grenzzaun. Wenige Meter hinter der Grenze, aber sicher auf westdeutschem Gebiet, fahren sie den Lkw im unwegsamen Gelände fest.

Der erste Motordrachen fliegt

20. Dezember 1986: Ein Werkzeugmacher (37) aus Berlin baut sich aus Segeltuch und einem Trabi-Motor einen Motordrachen. Im Sommer 1986 testet er dessen Flugfähigkeit auf Feldern im Kreis Strausberg, wobei er stets unterhalb der Baumwipfelhöhe fliegt, aber dennoch beobachtet wird. Am 20. Dezember startet er bei Einbruch der Dunkelheit im Raum Fahrland (Bezirk Potsdam) zum Flug in die Freiheit. Nach Erreichen der Flughöhe von 300 Metern verliert der unerfahrene Pilot die Orientierung. Nach 30 Minuten Irrflug landet er wieder auf DDR-Gebiet und wird festgenommen.

Torpedo mit Muskelantrieb

10. April 1987: Die Brüder Wolfgang und Manfred Kleistner wollen in einem selbstgebauten Torpedo mit Muskelantrieb über die Ostsee fliehen. Sie werden von einem zivilen Spitzel verraten und inhaftiert. Ihr Torpedo landet im Schulungskabinett der Juristischen Hochschule des MfS in Potsdam.

18jähriger unterfliegt Radar

15. Juli 1987: Der 18jährige Abiturient Thomas K. aus Magdeburg, der bei der GST Sportfliegen lernte, flieht ab Beelitz mit einem tschechischen Trainingsflugzeug vom Typ ZLIN. 15 Minuten später landet er, zur Verwunderung der Briten, wie aus dem Nichts kommend, auf dem Militärflugplatz Berlin-Gatow. Dieser britische Flugplatz liegt unmittelbar an der Mauer. Der 18jährige Berufsoffiziersbewerber unterflog auf seinem zweiten Alleinflug die Radarketten in Ost und West.

Agrarpilot flieht

16. Juli 1987: Ein 39jähriger Agrarpilot der INTERFLUG flüchtet bei einem Arbeitsflug in die Bundesrepublik.

Flug mit Zwischenlandung

18. August 1987: Ein Agrarflieger (38) aus Rudolstadt/ Thüringen flieht mit einer ZLIN 37. Bei Beulwitz landet er zwischen, um seine Frau und zwei Kinder aufzunehmen. Dicht über der Grasnarbe nähert er sich der Grenze und nimmt alle Sperranlagen im Tiefflug. Die Familie landet auf einer Wiese bei Hof.

Schwerer Durchbruch auf der Glienicker Brücke

10. März 1988: Um 2.00 Uhr rasen drei junge Männer aus Babelsberg in einem gestohlenen Lkw, beladen mit 92 Gasflaschen, in Potsdam in die Sperranlagen auf der Glienicker Brücke. Die sowjetischen Posten fordern sie mit vorgehaltener MPi zum Stehenbleiben auf. Die Flüchtlinge geben Gas und fahren drei Eisenbarrieren nieder. Mit dem schrottreifen Fahrzeug erreichen sie auf platten Reifen das letzte Eisentor mitten auf der Brücke. Dank der Schubkraft bäumt sich der Lkw am Tor auf, bis die Torflügel wegfliegen. Unverletzt erreichen sie Westberlin.

Tragische Flucht im Barkas

15. Mai 1988: Um 5.14 Uhr versucht Familie F., den Grenzübergang Hirschberg mit einem Kleinbus vom Typ Barkas zu durchbrechen. Die Familie ahnt nichts von den tödlichen Sperren, die dort installiert wurden. Es handelt sich um Sperrschlagbäume aus massivem Stahl. Der in die Schranke rasende Kleinbus wird von dieser horizontal durchtrennt. Der Familienvater stirbt sofort, seine Frau und die beiden Kinder werden schwer verletzt.

Tödlicher Ballonflug

8. März 1989: Der 32jährige Winfried Freudenberg aus Lüttgenrode bei Halberstadt will von Ostberlin aus mit einem selbstgeklebten Ballon nach Westberlin fliehen. Ballon und Brenner befestigt er mit Nylonleinen an seiner Lederjacke. Er steigt auf und schwebt über die Grenze. Dann reißt die Halterung zwischen Jacke und Ballon. Er stürzt aus großer Höhe in einen Vorgarten bei Zehlendorf und stirbt. Der Ballon verfängt sich ein paar Straßen weiter in einer Baumkrone.

Geisterschiff »Winga«

23. Juni 1989: Familie Brendel (zwei Erwachsene, zwei Kinder) überführt ihre Segelyacht »Winga« offiziell von Warnemünde nach Rügen. Nachts blasen sie das Beiboot auf, bauen einen Außenborder an und fliehen nach Dänemark. Derweil segelt die »Winga« auf dem Radar der Grenztruppen weiter an der DDR-Küste entlang.

Letzter Ostsee-Flüchtling

3. September 1989: Als vermutlich letzter Ostsee-Flüchtling schwimmt Mario Wächtler (24) von der Wohlenberger Wiek in 20 Stunden über die Lübecker Bucht und wird am Schiffahrtsweg Travemünde–Trelleborg vom Fährschiff »Peter Pan« aufgenommen.

Danksagung

Ich bedanke mich bei allen Flüchtlingen und deren Angehörigen, die mir bereitwillig ihre Geschichten erzählten sowie Dokumente und Fotos zur Verfügung stellten.

Zahlreiche Hinweise, Informationen und tatkräftige Unterstützung erhielt ich von Behörden und Vereinen sowie aus Redaktionen, Museen und Archiven. Stellvertretend seien genannt: der Bundesbeauftragte für die Unterlagen des Staatssicherheitsdienstes der ehemaligen Deutschen Demokratischen Republik in Berlin sowie dessen Außenstellen in Schwerin und Rostock, die Deutsche Presse Agentur in Hamburg, das Archiv des Axel Springer Verlages in Berlin, der Bundesgrenzschutz See in Neustadt, die Justiz-Pressestelle Berlin sowie der Verein »Über die Ostsee in die Freiheit« in Schwerin. Den dort tätigen Mitarbeitern sei herzlich gedankt.

Ein besonderer Dank gilt dem Dokumentationszentrum Berliner Mauer in Berlin für die gute Zusammenarbeit bei den Recherchen zum »Tunnel 57«.

Außerdem bedanke ich mich bei der Stiftung zur Aufarbeitung der SED-Diktatur in Berlin, die mich großzügig unterstützte.

Der Verlag Delius Klasing in Bielefeld erteilte die freundliche Genehmigung zur Übernahme von zwei Fluchtgeschichten aus dem Buch »Über die Ostsee in die Freiheit«, wofür ich mich bedanke.

Abkürzungsverzeichnis

BdVP	Bezirksbehörde der Deutschen Volkspolizei
BSG	Betriebssportgemeinschaft
ČSSR	Tschechoslowakische Sozialistische Republik
DDR	Deutsche Demokratische Republik
DVP	Deutsche Volkspolizei
FDJ	Freie Deutsche Jugend
GST	Gesellschaft für Sport und Technik
GÜST	Grenzübergangsstelle
GVS	Geheime Verschlußsache
HO	Handelsorganisation
IM	Inoffizieller Mitarbeiter (der Staatssicherheit)
KVP	Kasernierte Volkspolizei
LPG	Landwirtschaftliche Produktionsgenossenschaft
LOT	Polnische staatliche Fluggesellschaft
MdI	Ministerium des Innern
MfS	Ministerium für Staatssicherheit
MPi	Maschinenpistole
NAW	Nationales Aufbauwerk
NVA	Nationale Volksarmee
OPK	Operative Personenkontrolle (des MfS)
SED	Sozialistische Einheitspartei Deutschlands
Stasi	Staatssicherheit, siehe MfS
TU	Technische Universität
UdSSR	Union der Sozialistischen Sowjetrepubliken
UL	Ultraleicht-Flugzeug
VEB	Volkseigener Betrieb
VP	Volkspolizei
VPKA	Volkspolizei Kreisamt
VVB	Vereinigung Volkseigener Betriebe
VVS	Vertrauliche Verschlußsache
VoPo	Volkspolizist
ZERV	Zentrale Ermittlungsstelle für Regierungs- und Vereinigungskriminalität

Abbildungsnachweis

Hans Kripgans: S. 130 o.
Bodo Müller: S. 26, 40, 130 u., 149
Juliane Mareike Müller: S. 14, 36
Achim Rubel/Redaktion Surf: S. 170, 171, 173
Ullstein Bilderdienst – Sakowitz: S. 74
Helmuth Seltmann: S. 112 o., 183

Archiv Bethke: S. 191, 198, 202, 205
Archiv der Bild-Zeitung, Berlin: S. 159, 165, 166, 167
Archiv Achim Böttger: S. 106, 111
Archiv des Bundesbeauftragten für die Stasi-Unterlagen: S. 93, 95, 99, 100/101, 122
Archiv Harry Deterling: S. 24
Archiv Heinz Holzapfel: S. 61, 65
Archiv der Ilo-Werke, Hamburg: S. 112 u.
Archiv Wolfgang Kockrow: S. 79, 88, 89
Archiv Gerhard Wagner: S. 137, 141, 143
Archiv Hans Weidner: S. 43, 49, 55